Знак Зодиака

Весы

Гороскоп

2024

Ангелина Руби и Алина А. Руби

Кто такие Весы?

Сроки проведения: 23 сентября — 22 октября

День: пятница

Цвет: светло-зеленый, светло-голубой

Элемент: воздух

Совместимость: Овен, Близнецы, Водолей, Стрелец

Символ: 

Модальность: кардинальная

Полярность: мужская

Правящая планета: Венера

Дом: 7

Металл: медь

Кварц: лазурит, сапфир, малахит

Созвездие: Весы

Личность Весов

Весы любят эстетику и гармонию во всем. Они дипломатичны, миролюбивы и утончены. Стремятся понять точку зрения других, не желая никого исключать. Но если речь идет о несправедливости, то они без колебаний встанут на защиту слабейшего.

Это знак, который любит комфорт и капризен. Он демонстрирует нерешительность и неуверенность в себе, возможно, из-за своей склонности всегда искать наиболее справедливое и сбалансированное решение.

Они относятся к наиболее цивилизованным знакам Зодиака. Им присущи обаяние, элегантность и хороший вкус, они мягки и миролюбивы. Они любят красоту и гармонию, умеют быть беспристрастными в конфликтах.

Однако если они пришли к какому-то мнению, то не любят, когда им противоречат. Им нравится, когда их поддерживают другие.

Весы, как правило, чувствительны к нуждам других людей и склонны к общительности. Они не терпят конфликтов и жестокости, дипломатичны в противостоянии.

Они склонны искать консенсус в конфликтной ситуации. Они ценят усилия других людей и любят жить и работать в команде.

Наделенные большими аффективными способностями, представители этого знака без труда завязывают многочисленные дружеские отношения и через них добиваются своего утверждения в мире.

Каждая новая дружба воспринимается как нечто прекрасное, требующее глубокого переживания.

Руководствуясь глубоким чувством справедливости, они всегда осторожны, чтобы не задеть чувства других. Всегда стремясь к равновесию, они предпочитают компромисс открытой конфронтации.

Они хорошие друзья, потому что скорее поймут позицию другого, чем потеряют дружбу.

В интимных отношениях они романтичны и даже сентиментальны. Они являются хорошими романтическими партнерами, поскольку понимают позицию партнера в конфликте и терпимы к недостаткам других.

Гороскоп Весов на 2024 год

Общие сведения

2024 год будет не таким сложным, как 2023-й, поэтому просто сосредоточьтесь на затмениях.

Лунное затмение в Вашем знаке 25 марта может принести Вам важное завершение или успех. Возможно, Вы подойдете к концу какого-то важного дела, и это даст Вам прекрасное представление о Вашем будущем.

Вы можете добиться успеха в том, над чем давно работали, можете поверить в себя и свои силы. Это единственное лунное затмение в Весах в данной серии затмений, поэтому энергия будет сильной.

2 октября в Весах произойдет солнечное затмение, и благодаря ему вы сможете сосредоточиться на новом начале, использовать

возможности и начать совершенно новый период в своей жизни. Это может быть связано с солнечным затмением в Весах, которое было 14 октября 2023 года, и это совершенно новый период в Вашей жизни.
Сосредоточьтесь на том, что Вы хотите начать, что требует от Вас смелости, и действуйте (конечно, с умом). Это последнее затмение Весов в этой серии затмений, так что это последняя порция энергии для вашего знака, и вы можете почувствовать себя достаточно поджатым.

С наступлением года Вы сможете пожинать плоды своего труда. Этот год принесет контакты, которые помогут Вам продвинуться в жизни. Вы должны научиться принимать любые перемены и возможности, которые открываются перед Вами.

Лучшее понимание людей и их мнений будет помогать Вам в течение всего года. Возможно, будут и мрачные дни, но не теряйте надежды, следуйте за своей мечтой и добивайтесь поставленных целей.
Это хороший год для изменения взглядов на жизнь, потому что в целом почти все сферы будут благополучными.

Благодаря благоприятному влиянию планет этот год благоприятен для демонстрации своих навыков и талантов внешнему миру. Покажите миру свою истинную силу.

Это один из лучших годов в любви. Если Вы одиноки, то вполне возможно, что любовь всей Вашей жизни сделает Вам предложение именно в этот период, так что будьте готовы к браку и живите на своих условиях. Это время, когда вы будете наслаждаться прекрасной любовной жизнью.

Это также период обновления для всех, кто состоит в браке: с наступлением года ваши отношения начинают развиваться и расцветать.

2024 год будет полон романтических возможностей. Если вы состоите в отношениях, то можете рассчитывать на более глубокие эмоциональные связи и большую гармонию с партнером. Если вы одиноки, то, возможно, именно в этом году вы найдете того самого человека. Вам повезет в этом году: это прекрасное время для планирования рождения ребенка, если вы об этом задумывались в последнее время.

В этом году стремитесь к балансу между эмоциями и романтикой в отношениях.

Ваш карьерный путь будет полон возможностей, планеты говорят о том, что Вас могут ожидать новые предложения работы, повышение по службе или интересные проекты. Важно, чтобы Вы оставались открытыми к переменам, так как этот год может принести неожиданные изменения. Не забывайте о своих целях, не отчаивайтесь, так как с течением года Вы постепенно достигнете своих финансовых целей.

Это многообещающий год для Весов с точки зрения финансов, им обеспечено изобилие.

Уделяйте внимание своему физическому и психическому здоровью, поскольку поддержание равновесия имеет решающее значение. Применяйте целостные практики, такие как медитация и йога, которые помогут вам оставаться собранными и сосредоточенными.

Любовь

Вы можете чувствовать себя перегруженным большим количеством обязанностей, что может привести к конфликту с партнером.
Постарайтесь сделать перерыв и отвлечься.

Произойдут изменения в ваших отношениях, перестроятся ваши желания и потребности, то, что вы даете, и то, кого вы привлекаете.
Вы можете быстро и неожиданно завязывать знакомства в необычных обстоятельствах или с нетрадиционными людьми.
В этом году Вы будете стремиться привлечь к себе внимание, и это создаст некоторую драму в Вашей личной жизни.

В период новолуний в вашу сферу любви войдут более сбалансированные энергии, вы будете более оптимистичны, поскольку эти лунами приносят вам магическую энергию, которая идеально подходит для привлечения других людей, которые ищут любовь время от времени, но не отчаянно пытаются ее найти.

Ваша аура будет очень конкурентной, и Вы не побоитесь рискнуть с тем, у кого, как Вы знаете, уже есть партнер. В этих вопросах Вам следует быть осторожным.
Ваше отношение, вероятно, приведет к разочарованию некоторых людей.

В периоды полнолуния Вы можете укрепить свои обязательства перед другими людьми, если у Вас здоровые отношения. У Вас также будет возможность отдалить себя от других, если у Вас не очень хорошие отношения или если это токсичные люди.

После июля Вы начнете выходить в свет и знакомиться с интересными людьми, среди которых один, в частности, привлечет Ваше внимание настолько, что Вам захочется завязать отношения.

Существует вероятность того, что одиноких людей привлекают люди с особой чувствительностью, например музыканты или поэты, или что они могут встретить свою вторую половинку в духовной среде.

Экономика

В течение всего года вам придется много работать, чтобы получить выгоду. После 26 мая Юпитер в Близнецах окажет значительное влияние на Вашу профессию, если Вы захотите сменить работу, то это будет возможно. Новая работа будет лучше прежней и окажет непосредственное влияние на Ваше финансовое положение, значительно укрепив его. Если у Вас есть собственный бизнес, то Вам следует как можно чаще отдавать предпочтение работе.

Необходимо улучшить концентрацию внимания, и углубление в то, чем вы хотите заниматься, очень поможет вам. Возможно, Вам необходимо сначала усвоить уроки, касающиеся работы, ее значения для Вас, того, что Вам необходимо для более качественного выполнения работы, и того, что Вы готовы отдать.
Вы сможете сделать хорошие инвестиции в свое финансовое будущее и постепенно достигать своих финансовых целей одну за другой. Это многообещающий год для Весов с точки зрения финансов, и вам гарантированы финансовое изобилие и рост. Не отвлекайтесь и будьте дисциплинированы в течение всего года.

Этот год будет годом, когда вы получите все, что хотели в финансовом плане, но это процесс,

который не будет непрерывным, и будут вещи, о
которых вам придется позаботиться.

Рекомендуется следить за своими деньгами и
правильно ими распоряжаться в начале года,
чтобы в течение оставшейся части года
добиться успехов.

В денежной сфере вам потребуется сильное
сердце, чтобы выдержать затмения, сохраняйте
веру, потому что конечный результат будет
хорошим. Некоторое время вы будете находиться
на вершине мира, а затем окажетесь в глубине.
Но в этом году планетарные движения
указывают на благополучное завершение года.

Одним словом, у вас начинается период большого
процветания, и деньги будут сыпаться на вас
дождем.

Они смогут легко зарабатывать на инвестициях и
азартных играх. Они также смогут купить новый
автомобиль.

Здоровье Весов

В течение года могут возникнуть некоторые проблемы, связанные с беспокойством и стрессом, но помните, что при хорошем физическом и душевном состоянии вы будете двигаться вперед по жизни, добиваясь великих свершений.

Здоровье было напряженной областью в прошлом году. У Вас были большие проблемы, потому что планеты напрягали Вас. Вам по-прежнему нужно быть осторожным со своей энергией в целом, особенно с уровнем энергии.
В этом году вам требуется в два раза больше энергии, что может привести к поражению наиболее уязвимых органов.

Чрезмерный стресс и малоподвижный образ жизни могут быть факторами риска, поэтому для обеспечения оптимального состояния здоровья старайтесь придерживаться организованного распорядка дня.
Откажитесь от излишеств, отдыхайте и уделяйте первостепенное внимание правильному питанию. Выполняйте упражнения, позволяющие снять накопившееся напряжение. Рекомендуется попробовать новые техники, такие как медитация или йога, которые благотворно влияют на тело и разум.

Семья

*В этом году в вашей семейной жизни будет
присутствовать стресс. Ссоры неизбежны,
Плутон в этом секторе произведет масштабные
преобразования в вашем доме, и вам придется
решать проблемы из своего детства.*

*Вы можете использовать этот год для улучшения
своей домашней жизни и работы, чтобы
улучшить связи с семьей или теми, кого вы
считаете семьей.*

*Для вас важен прочный фундамент, поэтому
важно сосредоточиться на воспитании и
поддержке, сосредоточиться на том, чтобы
сделать свой дом воспитательным местом, и
стремиться к налаживанию семейных связей.
В Вашем доме произойдут метаморфозы. Ваш
дом и благополучие станут для Вас приоритетом,
так как Вы будете проводить дома больше
времени. Вы задумаетесь о переезде, но
отложите его до 2025 года. Что Вы сделаете,
так это благоустроите свой дом, изменив
некоторые вещи.*

*Если у вас есть старшие дети, они могут
покинуть дом в этом году. Ваши родители,
братья и сестры могут переехать. Вся ваша
семья будет в движении.*

Важные даты

3/25- Полнолуние в Весах (полутеневое лунное затмение в Весах) *в вашем знаке означает, что эта Луна окажет на вас особое влияние. Это время, когда нужно стремиться улучшить свою жизнь и жизнь своих близких. Вселенная предлагает кнопку перезагрузки, которую вы так долго ждали.*

29/ 06- Лилит входит в знак Весов. *Этот транзит может усилить Вашу жажду справедливости, но также и склонность манипулировать другими людьми, обычно с благими намерениями. В романтических и социальных отношениях Вам следует быть осторожным, не проявлять излишней непримиримости и не считать себя обладателем истины. Вам следует избегать циничных поступков, особенно когда Вы находитесь в обороне.*

8/ 29 - Венера входит в знак Весов. *указывает на чрезмерную аналитичность в отношении эмоциональных вопросов.*

22/ 9- Солнце входит в знак Весов.

9/ 30 - Солнце в соединении с Меркурием в Весах. *Прекрасное время для изложения своих идей.*

10/2- Кольцевое солнечное затмение в Весах.
Любовные разрывы или помолвки. Разочарования или моменты духовного просветления. Начало работы или семьи, связанное с прекрасным завершением.

Гороскопы на месяц для Весов на 2024 год

Январь 2024 г.

В этом месяце Вам будет трудно приспособиться к жизни с другим человеком. Несомненно, этот процесс потребует времени, но, адаптировавшись, Вы поймете, что это лучший способ жить.

Пришло время вновь поверить в свою ценность как личности, иначе вы будете продолжать отталкивать от себя людей, которые вам дороги.

Когда вы ставите перед собой цель, вы можете ее достичь. В этом месяце не позволяйте плохим предчувствиям или негативным мыслям саботировать ваш разум. Вы не знаете, какой силой обладает ваш разум, возможно, в вашей жизни происходят негативные события, которые вы не можете контролировать, но вы сможете решить все проблемы. Не позволяйте своему разуму быть вашим врагом.

Приходится искать мотивацию, чтобы побудить себя к дальнейшим действиям. Если вы не будете знать о таких настроениях, вы будете влиять на окружающих.

Если вы состоите в отношениях, вы попросите о совместном проживании, рождении ребенка и даже можете позвонить в колокола брака.

Счастливые числа
11–20–23–30 - 33

февраль 2024 г.

Вы устали от того, что приходится всех понимать, давать советы бесплатно, а потом люди делают то, что хотят. В этом месяце Вам нужно начать больше концентрироваться на своих проблемах, на своей жизни, чем на других, помнить, что тот, кто решает Ваши проблемы, — это Вы, а не они.

В этом месяце вы поставили перед собой задачу научиться чему-то новому. Вы все время откладываете на потом, поэтому важно рискнуть. Может представиться новая профессиональная возможность, вы не захотите посвящать себя ей постоянно, но временно возьмитесь за нее, потому что вы заработаете много денег.

В любви в этом месяце все начнет складываться удачно. Держитесь подальше от драмы, независимо от того, одиноки Вы или состоите в отношениях.

Определенные астрологические аспекты указывают на то, что в этом месяце следует более серьезно отнестись к развитию профессиональных связей, которые могут помочь в трудную минуту.

Ваша интуиция работает на высоком уровне, поэтому не удивляйтесь, если вы настроитесь на мысли других людей.

Счастливые числа

2–14–19–20 - 28

Вы будете переживать очень эмоциональные времена, но в конце месяца вас ждут хорошие события. Нельзя замыкаться на своих мыслях и на всем том, что вы сделали не так. Вы должны выйти из дома, сожаление — это не выход.

В своей работе вам необходимо выйти из зоны комфорта, даже вам самим некомфортно делать одно и то же. Вам скучно, и это идеальный месяц для того, чтобы сделать шаг вперед. Не бойтесь рисковать. Если вы думаете, что не хотите потерять то, что имеете, вы упускаете возможности, которые могли бы принести пользу.

Не бойтесь поговорить об этом с партнером, вам необходимо привести свои отношения в порядок.

Начните делать то, что представляет Вас, поднимите свою самооценку, запланируйте самостоятельное путешествие, сделайте стрижку или заведите новое хобби. Вы должны вернуть себе свою сущность или хотя бы попытаться отбросить весь негатив, который наводняет Ваш разум.

Даже если вам трудно найти себя, вам будет полезно сделать то, чего вы никогда не делали раньше.

В этом месяце постарайтесь немного расслабиться и выразить то, что Вы хотите сказать. Вам необходимо начать думать о будущем, а это значит начать экономить и сократить некоторые расходы.

Вы полностью убеждены, что лучше быть одному, чем в плохой компании, потому что есть люди достойные, но вы хотите ни от кого не зависеть.

Вам нужно больше доверять себе, быть более инициативным во всем и не оставлять дела на полпути. Будьте уверены в себе и проецируйте хорошую энергию вовне. Мы являемся тем, что мы проецируем, и мир вернет вам то же самое. Не сомневайтесь в своих талантах и способностях двигаться вперед.

Если у Вас есть партнер, то в этом месяце ожидайте сильных эмоций. Если Вы одиноки и случайно встретили этого человека, не отпускайте его, опасаясь того, что может произойти. Получите удовольствие, а потом принимайте решения.

В этом месяце у Вас будет больше энергии, чем обычно, не забывайте беречь ее. Не тратьте время и силы на вещи и людей, которые того не стоят. Это отнимает у Вас много сил.

В этом месяце вы начнете лучше относиться к себе, своему телу и своему телосложению в целом.

Счастливые числа
10–13–18–19 - 26

май 2024 г.

В этом месяце вы, возможно, совершили какие-то физические изменения или находитесь в процессе косметической операции. Если Вы еще не приняли решение, то Вам следует это сделать.

В профессиональной сфере грядут важные перемены, если вы работаете, то получите признание, что-то, что позволит вам почувствовать себя значимым.

Вы можете получить дополнительные деньги, начать делать инвестиции в будущее, пойти на риск.

В конце месяца происходят сильные изменения, и нужно быть готовым, прежде всего, стараться быть уверенным в себе.

Вы должны покончить с драматическими ситуациями, которые не приносят вам ничего, вы должны отстраниться от некоторых людей. Когда вы это сделаете, вы заметите, что все начинает течь лучше, и вы будете вибрировать на более здоровых частотах,

Вы обладаете способностями и талантами, но не все способны их оценить. Вы - человек с добрыми чувствами, но некоторые люди хотят поиграть с ними. Вы должны быть начеку.

Счастливые числа

1–7–17–18 - 23

Начинается новый месяц, и Вы будете немного не в духе или насыщены некоторыми ситуациями, от которых у Вас будет взрываться голова. Наберитесь терпения, все хорошее впереди.

После 10-го числа увеличивается ясность ума, повышается концентрация, и это необходимо для того, чтобы дать вам толчок. Старайтесь быть целеустремленными, не бросайте начатое на полпути.

Вас ждет прибыль; если вы хотите приступить к реализации амбициозного проекта, то сейчас самый подходящий месяц для этого.

Контролируйте свои приступы тревоги, есть ситуация, от которой нужно держаться подальше, потому что она принесет вам одни неприятности.

Позаботьтесь о своем желудке, все нервы, связанные с проблемами, уйдут прямо туда. Старайтесь отдыхать, потому что это противодействует всему остальному. Если что-то откладывается, это не значит, что оно не предназначено для вас. Это процесс, которым вы должны научиться наслаждаться.

Постарайтесь сосредоточиться на том, что вам нравится в себе, а не на том, что не нравится кому-то другому.

Счастливые числа
1–15–16–22 - 35

июль 2024 г.

В этом месяце ваше внутреннее "я" будет находиться в вихре эмоций, вам предстоит переосмыслить многие вещи.

Не совершайте лишних действий, остерегайтесь перепадов температуры, возможно, Вы склонны к простуде. Вы были психически слабы, находились в состоянии стресса, и это выражается в низкой энергетике вашего организма.

Вы получите от человека нечто особенное, то, что должно стать вашим.

Не стоит смешивать эмоциональную жизнь с профессиональной, научитесь разделять эмоции, если хотите двигаться вперед.

Жизнь будет бросать вам множество вызовов, не думайте, что это против вас, это для вас, чтобы вы учились и ценили моменты, чтобы быть храбрыми.

Следите за своими отношениями и за тем, как вы общаетесь. Вы позволяете себе совать нос туда, куда не следует. Остерегайтесь, это может привести к конфликту.

Счастливые числа
1–13–25–28 - 29

У вас будут дни нестабильности в работе, это этапы. Главное, чтобы вы искали свое место, то, которое вы заслуживаете. Нет ничего страшного, если у вас что-то не заладилось или вы чувствуете, что ваши планы рушатся. Жизнь состоит из этапов, и вы не можете иметь все. Наслаждайтесь моментом, ведь бывают моменты, когда приходится импровизировать.

Некоторые проблемы из прошлого возвращаются в Вашу жизнь. Вы должны быть сильными, чтобы навсегда закрыть эти двери.

Помните, что если вы хотите добиться успеха, то должны сблизиться с людьми, имеющими такой же взгляд на вещи, иначе они будут только мешать. Работайте в тишине. Остерегайтесь скрытых отношений, секретов, связанных с близкими людьми.

Не позволяйте критике дестабилизировать ваши эмоции. Воспринимайте ее как возможность избавиться от людей, которые не способны вас поддержать.

Вы должны избавиться от своей неуверенности, не позволяйте ей победить и лишить вас возможностей.

Счастливые числа
9–11–27–33–34

В последнее время Вы чувствуете, что в Вашей жизни присутствуют пустые отношения и что именно Вы должны постоянно ими заниматься. В этом месяце Вы поймете, что во многом должны начать идти самостоятельно. Вы должны перевернуть страницу и выбросить книгу о прошлых отношениях и сосредоточиться на новых.

В любви вы должны быть уверены в том, чего хотите, и не обманывать себя. Если вы одиноки, то у вас нет никого на уме, не позволяйте никому отвлекать вас и наслаждайтесь своим одиночеством.

Если вы состоите в отношениях, то в этом месяце вам придется потрудиться, если вы не хотите погрязнуть в рутине. Не ждите, пока это сделает ваш партнер.

Если вы думаете о крупных инвестициях, прислушайтесь к советам людей, которым вы небезразличны.

Не идите на безумный риск.

В конце месяца вас ждут глубокие разговоры, связанные с планами на будущее.

В этом месяце кто-то может попытаться понизить Вашу самооценку и заставить Вас почувствовать, что Вы не заслуживаете любви. Постарайтесь вспомнить, что это их неуверенность в себе.

Пришло время взять на себя больше ответственности, что повлечет за собой увеличение объема работы и стресса. На работе Вы будете пожинать плоды, у Вас появится множество творческих идей, а Ваше финансовое положение улучшится. Вы должны быть очень практичны в обращении с деньгами и научиться обращаться с ними осторожно. Ожидайте неожиданного притока капитала. У тех, кто ищет работу, в этом месяце есть шанс найти ее. Вы обнаружите в себе желание и способность преодолеть препятствия и найти желаемую работу.

У вас хороший период, но у вашего партнера дела идут не очень хорошо, и это отражается на вашей жизни. Вы должны будете помочь ему/ей.

У вас появится больше времени для общения с друзьями, и вы увидите, как растет ваша популярность в кругу знакомых. Возможно, у вас появятся новые друзья.

Вы должны быть осторожны и избегать несчастных случаев, потому что вас ждет испуг, который заставит вас анализировать смерть. Вы увидите ее так близко, что это заставит вас оценить то, что вы имеете, и понять, насколько вы беспечны.

Счастливые числа
2–16–17–31 - 34

ноябрь 2024 г.

В этом месяце Вам хочется побыть дома в одиночестве, а не на улице. Вы не будете беспокоиться о том, чтобы позвонить друзьям, и будете очень редко выходить из дома. Значительно улучшится ситуация в любви. Если у Вас есть партнер, то в отношениях будет больше гармонии и привязанности. Вы будете чувствовать себя счастливым. Если Вы одиноки, то Ваш образ будет элегантным и утонченным, и противоположный пол будет добиваться Вас.

У вас появится возможность устранить все, что вам не нравится и мешает, и выстроить новый стиль работы. Вы начнете новые проекты. Все эти успехи придадут вам уверенности, и ваша самооценка повысится.

Вам необходима доза духовности, которой у Вас пока нет. Для поддержания здоровья кишечника и почек вам следует взять за привычку пить чаи.

Самое главное - достичь необходимого эмоционального равновесия. Помните, что если у вас все хорошо, то и семья, и любовь, и работа тоже будут работать хорошо.

Сюрпризы и изменения в отношениях с братьями и сестрами или друзьями станут неожиданностью. Возможна борьба за власть в семье.

Счастливые числа
1–4–19–30 - 35

В этом месяце Вы, возможно, задумаетесь о переезде в другое место. Будут моменты, когда Вы почувствуете, что дом, в котором Вы живете, уже не тот, что Вам нужен. Вы научитесь лучше понимать свои потребности, и с этой точки зрения это будет очень важный месяц, так как Вы будете более подготовлены к большим переменам, которые ожидают Вас в 2025 году.

Необходимо следить за нарушениями работы кишечника, щитовидной железы и стрессами.

На работе вас ждут радикальные перемены. Это будет трудно, но эти перемены будут для Вас позитивными.

Деньги станут главным событием конца месяца. Вы можете получить прибавку к зарплате, премию, изменения в трудовом договоре или выходное пособие.

Вы будете счастливы, потому что в Вашем доме воцарится гармония и спокойствие. Вам захочется навести порядок в доме, воспользоваться возможностью выбросить старые вещи, навести чистоту и порядок, чтобы устранить негативные энергии и впустить новые, позитивные энергии наступающего года.

Хорошее настроение и дружелюбие помогут Вам в профессиональной деятельности.

Счастливые числа
17–20–21–22 - 32

Карты Таро - загадочный и психологический мир.

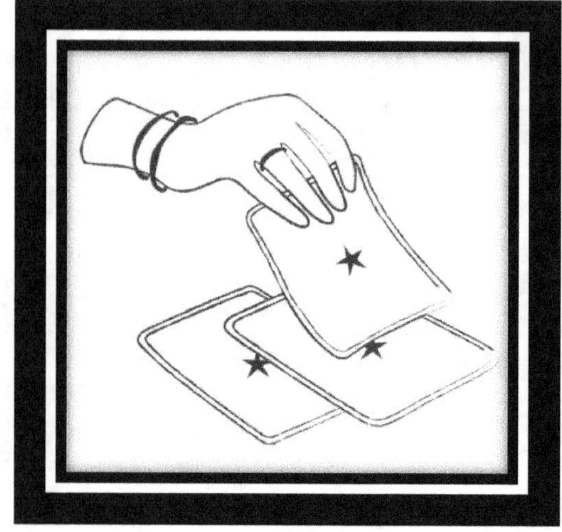

Слово Таро означает "королевская дорога", это тысячелетняя практика, точно неизвестно, кто придумал карточные игры вообще и Таро в частности; в этом смысле существуют самые разноречивые гипотезы.

Одни говорят, что они появились в Атлантиде или Египте, другие считают, что таро пришли из Китая или Индии, из древней страны цыган, или что они попали в Европу через катаров. Но факт остается фактом: карты Таро несут в себе астрологическую, алхимическую, эзотерическую и религиозную символику, как христианскую, так и языческую.

Еще недавно при слове "таро" некоторые люди представляли себе цыганку, сидящую перед хрустальным шаром в комнате, окруженной мистикой, или думали о черной магии или колдовстве, но сегодня ситуация изменилась.

Эта древняя техника была адаптирована к новому времени, связана с технологиями, и многие молодые люди проявляют к ней глубокий интерес.

Молодые люди изолировались от религии, так как считают, что не найдут там решения того, что им нужно, осознали двойственность религии, чего не происходит с духовностью. В социальных сетях можно найти аккаунты, посвященные изучению и гаданию на таро, поскольку все, что связано с эзотерикой, входит в моду, более того, некоторые иерархические решения принимаются с учетом таро или астрологии.

Примечательно, что не те предсказания, которые обычно связаны с таро, являются наиболее востребованными, а те, которые связаны с самопознанием и духовным консультированием.

Таро — это оракул, с помощью его рисунков и цветов мы стимулируем нашу психическую сферу, ту внутреннюю часть, которая выходит за пределы естественного. Многие люди обращаются к таро как к духовному или психологическому путеводителю, поскольку мы живем в неопределенные времена, и это толкает нас на поиски ответов в духовности.

Это настолько мощный инструмент, что он конкретно рассказывает о том, что происходит в вашем подсознании, чтобы вы могли воспринять это через призму новой мудрости.

Карл Густав Юнг, известный психолог, использовал символы карт Таро в своих психологических исследованиях. Он создал теорию архетипов, в которой обнаружил обширную сумму образов, помогающих в аналитической психологии.

Использование рисунков и символов для обращения к более глубокому пониманию часто применяется в психоанализе. Эти аллегории являются частью нас, соответствуя символам нашего подсознания и нашего разума.

В нашем бессознательном есть темные области, и, используя визуальные техники, мы можем добраться до различных его частей и раскрыть элементы нашей личности, о которых мы даже не подозреваем. Когда вам удастся расшифровать эти послания с помощью изобразительного языка таро, вы сможете выбрать, какие решения принимать в жизни, чтобы создать ту судьбу, которую вы действительно хотите.

Таро с его символами учит нас тому, что существует иная Вселенная, особенно в наше

время, когда все так хаотично и всему ищут
логическое объяснение.

Солнце, карта Таро для Весов 2024 года

Это означает успех в учебе, профессии и творчестве.

Это может быть признаком брака.

Это означает крепкое здоровье.

Проблемы преодолеваются. Это связано с деньгами.

Солнце приносит оптимизм, уверенность и энергию для того, чтобы все получилось и наладилось.

Как правило, это свидетельствует об очень позитивный год.

Вы должны быть уверены в своих силах, чтобы обрести счастье в личной жизни.

Эта карта напоминает вам о том, что в ваших силах создать свое собственное счастье, поэтому будьте оптимистами и не сдавайтесь.

Чтобы получить желаемое, нужно верить.

Любовь присутствует в вашей жизни, вам нужно открыться ей, чтобы в полной мере насладиться жизнью.

Эта карта напоминает вам, что свет всегда рядом, что даже в самые темные времена всегда есть свет в конце туннеля и что будущее всегда таит в себе надежду.

Вы должны следовать своей мечте, несмотря на препятствия.

Руны года 2024

Руны — это набор символов, образующих алфавит. Слово "руна" означает "тайна" и символизирует звук столкновения одного камня с другим. Руны — это древний провидческий и магический метод.

Руны не служат для точных предсказаний, но они служат для того, чтобы подсказать вам будущее событие, предмет или решение.

Руны имеют конкретное значение для того, кто хочет его получить, а также некое послание, связанное с невзгодами, возникающими в жизни.

Гебо, руна Весов 2024

Вас ожидает успешный год, вы будете получать подарки и добрые поступки от окружающих.

Эта руна благоволит сентиментальной любви, приближающейся помолвке или созданию семьи.

Gebo воздействует на каждого партнера, заставляя его сбалансированно отдавать и получать, чтобы укрепить чувственный союз.

Это знак мистической энергии, которая находится в вашем окружении и благоприятствует вам в определенных обстоятельствах.

Не пренебрегайте возможностями, которые появляются в вашей жизни, ибо они подтверждают величие Вселенной.

Будьте восприимчивы к этим дарам и принимайте материальную помощь, которую они вам оказывают.

Эта руна призывает Вас быть смелым и рискованным в помощи другим, но не отменять свою независимость. Гебо предупреждает, что лучшее партнерство — это равновесие.

Эта руна говорит о приближении благоприятного периода для достижения задуманного, поскольку подтверждает многочисленные успехи.

Гебо символизирует прекрасное время для укрепления новых связей и продвижения в деловых вопросах.

Эта замечательная руна предсказывает, что наступило идеальное время для того, чтобы все, чего вы так долго желали, произошло. Когда это произойдет, помните, что тот, кто отдает, всегда получает.

Удачные цвета

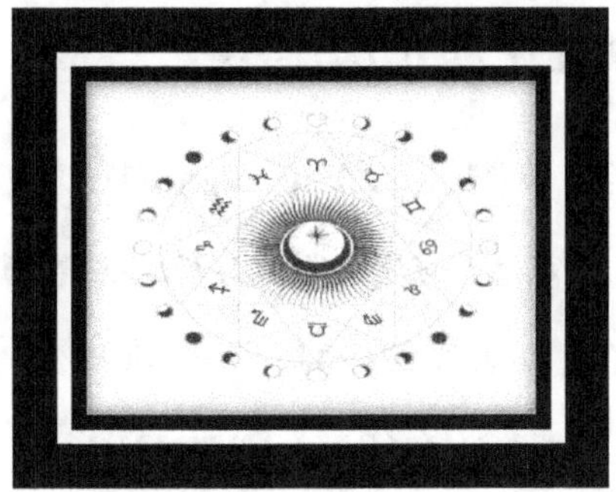

Цвета оказывают на нас психологическое воздействие: они влияют на нашу оценку вещей, на наше мнение о чем-либо или о ком-либо, а также могут использоваться для принятия решений.

Традиции встречи нового года в разных странах различны, и вечером 31 декабря мы подводим итоги всего положительного и отрицательного, что было в завершающемся году. Мы начинаем думать о том, что нужно сделать, чтобы изменить свою удачу в новом году.

Существует несколько способов привлечь к себе позитивную энергию, чтобы встретить Новый год, и один из них - носить одежду или аксессуары определенного цвета, который привлекает то, что мы желаем в наступающем году.

Цвета несут в себе энергетический заряд, влияющий на нашу жизнь, поэтому всегда рекомендуется встречать год в одежде того цвета, который притягивает энергию того, чего мы хотим достичь.

Для этого существуют цвета, которые положительно вибрируют с каждым знаком Зодиака, поэтому рекомендуется носить одежду того оттенка, который будет привлекать процветание, здоровье и любовь в 2024 году. (Эти цвета можно носить и в течение всего остального года по важным поводам или для того, чтобы улучшить свой день).

Помните, что, хотя чаще всего красное белье означает страсть, розовое - любовь, а желтое или золотое - изобилие, никогда не будет лишним включить в свой наряд тот цвет, который наиболее подходит нашему знаку Зодиака.

Голубой

Ключевые слова синего цвета:
стабильность, уверенность, мудрость, разум, вера, истина, вечность.

Синий цвет успокаивает и связан с разумом, с более интеллектуальной стороной.

Синий цвет заставляет нас чувствовать себя расслабленно и спокойно, как темное море ночью. Синий цвет позволяет нам чувствовать себя защищенными от суеты повседневных дел и рекомендуется при бессоннице.
Синий цвет помогает контролировать ум, иметь ясные мысли и быть творческим человеком. Ему приписывается свойство чистого цвета, поэтому

он ассоциируется со стабильностью и уверенностью.

Если в течение нескольких минут смотреть на предмет голубого цвета, то это уменьшает тревогу и напряжение, а медитация с голубой свечой помогает улучшить общение.

С древних времен этот цвет является символом связи между небом и землей, поскольку он олицетворяет божественность. Этот цвет соединяет нас с мудростью, любовью и состраданием, помогает найти истину.
Он олицетворяет спокойствие, благоприятствует равновесию энергий, служит для защиты от негативных энергий и для очищения ума и тела.

Лаки Чарус

У кого нет счастливого кольца, цепочки, которая никогда не снимается, или предмета, который он не отдал бы ни за что на свете? Все мы наделяем принадлежащие нам вещи особой силой, и этот особый характер, который они приобретают для нас, делает их магическими предметами.

Для того чтобы талисман мог действовать и влиять на обстоятельства, его носитель должен верить в него, и тогда он превратится в необыкновенный предмет, способный сделать все, что от него требуется.

Обычно амулетом называют любой предмет, способствующий добру, как профилактическое средство против зла, вреда, болезней и колдовства.

Талисманы удачи помогут Вам в благополучном 2024 году дома, на работе, в семье, привлекут деньги и здоровье. Чтобы талисманы работали исправно, их нельзя давать в руки посторонним людям, и они всегда должны быть под рукой.

Амулеты существовали во всех культурах и изготавливались из элементов природы, которые служат катализаторами энергий, способствующих исполнению желаний человека.

Амулету приписывается способность отгонять зло, чары, болезни, бедствия или противодействовать злым пожеланиям, произнесенным через глаза других людей.

Амулет для Весов

Око Гора

Это талисман, защищающий владельца от болезней, от подстерегающих опасностей и от дурного глаза. Глаз Гора символизирует здоровье, процветание и способность к перерождению. Это оберег от невезения и токсичных энергий.

Он также позволяет процветанию и счастью войти и победить любую тьму или проклятие.

Помимо защитных свойств, он содержит все математические символы, с помощью которых древние египтяне изображали дроби.

Это очень позитивный амулет, который можно использовать для защиты от зла и привлечения положительных энергий в свое личное пространство. Он очищает организм от токсинов и плохих энергий и помогает обрести внутренний покой.

Он уравновешивает и восстанавливает то, что сломано или ослаблено, т. е. повышает благосостояние. Это символ обновления, который используется для улучшения физического и психического здоровья.

Он олицетворяет силу вечного, которая не меняется со временем. Он поможет вам добиться положения и стабильности, придаст твердость вашим целям. Он дает силу, мужество и мудрость.

Счастливый кварц

Всех нас привлекают бриллианты, рубины, изумруды и сапфиры - очевидно, драгоценные камни. Полудрагоценные камни, такие как сердолик, тигровый глаз, белый кварц и лазурит, также высоко ценятся, поскольку на протяжении тысячелетий они использовались в качестве украшений и символов власти.

Многие не знают, что они ценились не только за красоту: каждый из них имел сакральное значение, а их целебные свойства были не менее важны, чем декоративные.

Кристаллы и сегодня обладают теми же свойствами, большинство людей знакомы с наиболее популярными из них, такими как аметист, малахит и обсидиан, но стали известны и новые кристаллы, такие как лайма, петлит и фенакит.

Кристалл — это твердое тело геометрически правильной формы, кристаллы образовались при создании Земли и продолжают метаморфировать по мере изменения планеты. Кристаллы — это ДНК Земли, это миниатюрные хранилища, содержащие информацию о развитии нашей планеты за миллионы лет.

Одни из них подвергались огромному давлению, другие росли в камерах, расположенных глубоко под землей, третьи возникали из капель. Какую бы форму они ни принимали, их кристаллическая структура способна поглощать, сохранять, фокусировать и излучать энергию.

В основе кристалла лежит атом, его электроны и протоны. Атом динамичен и состоит из ряда частиц, которые вращаются вокруг центра в постоянном движении, поэтому, хотя кристалл может казаться неподвижным, на самом деле он представляет собой живую молекулярную массу, которая вибрирует с определенной частотой, и именно это придает кристаллу энергию.

Когда-то драгоценные камни были прерогативой царской и священнической семьи, священники иудаизма носили нагрудную пластину с драгоценными камнями, которая была не просто эмблемой, обозначавшей их функции, но и передавала власть носителю.

Камни носили люди с каменного века, так как они выполняли защитную функцию, отгоняя от владельца различное зло. Современные кристаллы обладают той же силой, и мы можем выбирать украшения не только по их внешней привлекательности, но и по тому, насколько они близки к нам: они могут заряжать энергией *(оранжевый сердолик), очищать пространство вокруг нас (янтарь) или привлекать богатство (цитрин).*

Некоторые кристаллы, такие как дымчатый кварц и черный турмалин, обладают способностью поглощать негатив, излучая чистую и прозрачную энергию.

Ношение черного турмалина на шее защищает от электромагнитных излучений, в том числе от мобильных телефонов, цитрин не только привлечет богатство, но и поможет его сохранить, поместите его в богатой части дома (сзади слева, наиболее удаленной от входной двери).

Если вы ищете любовь, кристаллы могут вам помочь: поместите розовый кварц в угол отношений вашего дома (задний правый угол, наиболее удаленный от входной двери), его эффект настолько силен, что вы можете добавить аметист, чтобы компенсировать притяжение.

Можно также использовать родохрозит - любовь придет сама.

Кристаллы способны исцелять и дарить равновесие, некоторые кристаллы содержат минералы, известные своими лечебными свойствами, малахит имеет высокую концентрацию меди, ношение малахитового браслета позволяет организму усваивать минимальное количество меди.

Лазурит снимает мигрень, но если головная боль вызвана стрессом, то аметист, янтарь или бирюза, помещенные над бровями, снимут ее.

Кварц и минералы — это драгоценные камни матери-земли, дайте себе эту возможность и соединитесь с магией, которую они излучают.

Счастливый кварц для Весов 2024 года

Розовый кварц

Повышает самооценку. Используется для детей, нуждающихся в любви, для стабилизации их энергетических центров. Используется для привлечения любви и работает как инструмент, позволяющий сбалансировать эмоциональную сторону с сердечным ритмом.

Это необходимое дополнение на духовном пути, кварц, обладающий необычайной силой и способный принести улучшение здоровья. Этот кварц славится своей силой и является одним из самых эффективных камней для исцеления.

Благодаря своим вибрациям он способен поглощать негативные энергии и заменять их позитивными. Эти энергии отвечают за открытие сердечной чакры.

Совместимость Весов и знаков Зодиака

Весы неравнодушны к гармонии и стремятся к равновесию во всех сферах своей жизни. Будучи воздушным знаком, они сохраняют беспристрастность, необходимую для того, чтобы всегда быть справедливыми, благодаря глубине ума, что делает их самым социально экспрессивным знаком Зодиака.

Соблазнительные и популярные среди друзей, Весы процветают в повседневной жизни и являются законными эстетами Зодиака. Венера, планета любви, красоты и денег, управляет Тельцом и Весами, но аналогия Весов с Венерой отличается от аналогии Тельца.

Для Весов их романтический темперамент является полностью интеллектуальным, т. е. они обожают искусство и интеллектуальность. Этот выдающийся знак можно встретить дегустирующим вино или восхваляющим произведения современного искусства.

Весам необходимо окружать себя предметами, демонстрирующими их причудливые интересы, поэтому они являются прекрасными художниками.

Никогда не воспринимайте предпочтения Весов как свидетельство безразличия к тому, что лежит на поверхности. Весы заботятся о справедливости и борьбе за права других людей, поэтому в ситуации, когда этого требует ситуация, они возьмут на себя роль мудрого и справедливого арбитра.

Весы никогда не будут властны и показные в своих моральных принципах, этот тонкий знак способен решать проблемы, не прилагая особых усилий.

Весы символизируют "мы", отношения важны для Весов, которые находят баланс в отношениях, поэтому Весам следует быть осторожными и не искать внимания вне условий, оговоренных с партнером.

 Весы хотят, чтобы все были довольны, и могут поддаться искушению выйти за рамки флирта. Весы ни от чего не будут отказываться, чтобы быть принятыми, даже если это будет означать риск для их нынешних отношений.

Будучи кардинальным знаком, Весы прекрасно умеют придумывать новые идеи и видеть все возможные альтернативы в той или иной ситуации. Принимая во внимание все точки зрения, Вам трудно определиться, Вам трудно сделать выбор, так как Вы постоянно балансируете на весах.

Этот воздушный знак мотивирован внешним видом, тщеславие может быть хрупким для Весов, и они могут чрезмерно сосредоточиться на партнере, который соответствует их эстетическим предпочтениям.

Наличие хорошего вкуса — это неплохо, а ключевое слово Весов - деликатность, и резкое или деспотичное поведение, например смс каждые 3 минуты, электронные письма в любое время суток или попытки завершить отношения слишком быстро, его беспокоит.

Весы стремятся к элегантным и постепенно развивающимся отношениям, они с партнером должны строить любовь и доверие шаг за шагом, формируя связь, основанную на одновременном интересе к прекрасным вещам. Если Вы хотите завязать роман с Весами, посетите открытие галереи или классическую оперу.

Весы любят влюбляться, часто быстро вступают в романтические отношения, они послушны и нежны, и между зваными вечерами, походами в амфитеатры и спонтанными походами в кино, свидания с Весами могут казаться интрижкой или сценарием романтического фильма.

Этот соблазнительный воздушный знак умеет удивлять, но в этих преувеличенных маневрах *ухаживания есть и большая доля преднамеренности.*

Весы очень четко ориентируются в своих желаниях, и им легко пытаться подстроить своего партнера под эти стремления, не считаясь с тем, что ваши собственные желания могут быть иными.

Создавая отношения с Весами, он будет знать, как проявить элегантность, и лучший способ понять, действительно ли Весы нацелены на отношения, — это не элементарные романтические жесты, а тонкие проявления привязанности.

Весы одержимы желанием быть покоренными, и, хотя физическая близость важна, этот знак нуждается в ментальной прелюдии, которая приводит к возбуждению, когда дело доходит до секса.

Некоторых знаков могут стимулировать фантазии о прямых сексуальных контактах, но аристократичные Весы считают такие страстные встречи слишком прозаичными.

У Весов аллергия на конфликты; поначалу такое миролюбивое поведение кажется им идеальным, но в действительности оно может стать самым большим препятствием для их партнеров, поскольку, чтобы не разочаровать их, они часто прибегают к милосердной лжи и полуправде.

Важно помнить, что цель Весов - не манипулирование, он просто не хочет, чтобы вы на него сердились.

В то же время Весы должны помнить, что в жизни мы не можем быть золотыми модниками и всем нравиться, это невозможный подвиг.

В отношениях нужно быть честным, а здоровые конфликты дают возможность расти, учиться и устанавливать границы, когда это необходимо.

Компромисс основан на честном диалоге, и выражение своего несогласия также не позволит Весам со временем стать апатичными и обидчивыми, а также впасть в уныние и расстаться.

Весам не чужды разрывы, этот знак счастлив, когда находится в отношениях, но неудивительно, что он постоянно вступает и выходит из них.

В их восхитительном мире расставаний не будет. Весы всегда держат варианты открытыми, даже если они состоят в серьезных отношениях.

Когда Весы расстаются со своим партнером, они делают это очаровательным тоном, так как всегда хотят держать дверь открытой, а если хотят расстаться с ним, то приложат все усилия, чтобы этого избежать.

Весы очень озабочены тем, какое мнение они вызывают у окружающих, и предпочитают сохранить признательность бывшего партнера, а не оттолкнуть его навсегда.

Весы настроены на романтику, но беспокоятся о своей репутации. Этот знак очень гибок и способен выражать чувства своих партнеров, поэтому он будет раздувать факелы огненных знаков, формировать приливные волны с водными знаками, воздвигать горные хребты с земными знаками и поддерживать эффективные вихри с воздушными знаками, поскольку цель Весов - создать спокойную, безмятежную и гармоничную жизнь со своим партнером.

Весы и Овен - интересная пара. Овен популярен своей яростной самостоятельностью, поэтому, когда эти два знака соединяются, они создают авантюрный дуэт. Эти отношения символизируют поговорку "противоположности притягиваются": Весы говорят через нас, а Овен - через меня. И хотя обоим знакам придется приспосабливаться к индивидуальному подходу друг друга, этот дуэт может образовать отличную и нерушимую коалицию.

Весы и Тельцы мгновенно притягиваются друг к другу. Ими управляет Венера, и эти знаки очарованы романтикой. Однако у Тельца специфические отношения с любовью, он требует ощутимой привязанности.

Весы же, напротив, гораздо более интеллектуальны, для них совершенство идет рука об руку с кокетством и совершенной социальной изысканностью.

И хотя им придется справляться с этим неравенством, спокойствие и хитрость Весов компенсируют раздражение Тельца, а бытовая экзальтация Тельца совершенствует эстетику Весов. В общем, Весы и Телец - прекрасная пара.

Весы и Близнецы *- родственные знаки, и когда они оказываются вместе, это настоящее столкновение умов. И бесшабашных Близнецов, и знающих себе цену Весов завораживают интеллектуальные развлечения, поэтому эта пара будет с удовольствием заниматься хобби и взаимовыручкой.*

Близнецов будут стимулировать нежные прикосновения Весов, а Весам понравится предприимчивая энергия Близнецов. Хотя Весы и Близнецы составляют прекрасную пару, каждый из них должен быть уверен в том, что его отношения являются приоритетными.

Вы оба хотите понравиться своим друзьям, и, если вы плохо общаетесь, это может привести к ошибкам.

 Чтобы построить отношения, основанные на доверии и честности, необходимо находить время для того, чтобы побыть вместе, не нуждаясь в подтверждении извне.

Отношения **Весов и Рака** непросты. Рак очень заботлив, а Весы очень общительны. Весы, любящие людей, могут чрезмерно зациклиться на своем популярном имидже, что может повредить Раку, жаждущему защиты.

Стремление Весов всегда угождать другим может угрожать чувству безопасности Рака. Однако эти отношения могут работать, так как Рак может научить Весы сосредоточиться на себе, а Весы - вытащить Рака из его жесткого панциря. Если оба способны рассуждать здраво, то эта пара будет способствовать невероятной эволюции.

Весы и Лев необычайно хорошо работают, Весы и Лев - хорошие друзья. Взыскательные Весы относятся ко Льву как к монарху, а Лев обожает светскую любезность Весов.

Эта пара любит посещать вечеринки и побуждает друг друга к душевным порывам. Оба любят угождать, однако льва не интересует коллектив, он хочет, чтобы партнерша почитала его превыше всего.

Весы, играющие роль космического посла, могут быть недовольны строгой монархией Льва. К счастью, восстание не обязательно, напряжение между Весами и Львом может быть снято искренним диалогом.

Когда оба строят в единстве свое собственное царство, основанное на безопасности и верности, отношения могут стать сказочными.

Весы и Дева — это как заводская производственная линия. Функция Девы - изучать контекст, а Весов - выравнивать его. Эти роли взаимосвязаны, и поскольку Весы и Дева находятся рядом друг с другом в Зодиаке, они умеют работать вместе. Они передают друг другу информацию, полагаясь на уникальные способности друг друга.

Весы вдохновляются скрупулезным взглядом Девы, а Дева влюбляется в тонкие прикосновения Весов, но при этом им трудно достичь своих целей.

Дева расстраивает Весы, а надменность Весов заставляет Деву чувствовать себя обделенной вниманием. Благоприятно, если Весы и Дева изменят свое поведение и уделят внимание отношениям, они могут быть необычайно плодотворными.

*Отношения **Весов и Весов** — это отношения, в которых проскакивают вспышки гармонии, когда они оказываются вместе. Эти отношения могут быстро развиваться, проходя путь от нуля до сотни быстрее, чем космический корабль.*

Прежде чем вступать в отношения, им следует убедиться в том, что они вкладывают деньги в союз, который будет долговечным. Будучи посредником, Весы стараются любыми способами избежать проблем, и, хотя это может быть идеальным вариантом, на самом деле это формула катастрофы. Эта двойственность порождает обиду и множество смешанных чувств. Этим двум знакам необходимо научиться находить общий язык и в равной степени прислушиваться друг к другу. Если дуэт Весов в квадрате научится говорить честно, то выравнивание будет легким.

Весы и Скорпион — это огненные отношения. Красота Скорпиона привлекает Весы, а мистицизм Скорпиона - Весы, поэтому между этими знаками мгновенно возникает химия.

Весы и Скорпион проведут много ночей в сексе, но помимо секса Весы будут требовать немного больше красок, а сила Скорпиона его пугает. Весы любят, чтобы все социальные контакты были легкими и непринужденными, а Скорпиона отталкивает свойственная Весам неуверенность.

Если эта пара сможет совместить свои интеллектуальные желания со своими страстями, то они могут стать невероятной силой.

Весы и Стрелец - идеальное сочетание. Для Весов важна взаимность, а этот мыслящий воздушный знак больше заинтересован в концепции справедливости, чем в самих отношениях. Интересно, что Стрелец также ставит идею отношений выше реальности. И хотя эта пара не всегда идеальна, поскольку Весы не любят конфликтов, а Стрелец любит размахивать *флагами противоречия, совместная энергия этих знаков заразительна.*

Весы с удовольствием присоединяются к Стрельцу в его странствиях, а Стрелец подпитывает тягу Весов через одновременный интерес к искусству. Когда эти два знака встречаются вместе, их отношения естественны и необычайно сексуальны.

Весы и Козерог - *сложные отношения. Невозмутимый Козерог восхищается тем, что Весы ценят справедливость, и поощряет их продолжать практиковать ее. Для Весов социальный мир важнее честности, поэтому в паре может возникнуть путаница, когда Козерог будет опасаться чванливости Весов, а Весы начнут находить взгляды Козерога слишком серьезными и консервативными.*

Для того чтобы они могли функционировать как пара, они должны уважать различия друг друга и достаточно много отдавать, но когда они решаются на это, то могут создать прочные отношения.

Весы и Водолей - *воздушные знаки, их волнуют социальные вопросы. Весы настаивают на том,* *чтобы нравиться всем, а интересы Водолея больше ориентированы на политическую структуру.*

Желание Водолея всегда было бунтом против установленного порядка, и это пугает посредничающие Весы. Со временем Весы принимают и понимают отстраненность Водолея, а когда Водолей научится принимать невинность Весов и их желание всем угодить, он полюбил свободу, которую дает ему этот темперамент.

Когда в этой паре совпадают привычные ценности и интересы, отношения получаются энергичными, интеллектуальными и исключительно красивыми.

Весы и Рыбы *- миротворцы, и строят свои отношения на основе взаимной любви к доброте и справедливости. Вдохновленные искусством, они скрашивают свои выходные концертами, операми, посещениями музеев и ремесленных мастерских.*

Рыбы - последний знак Зодиака, обладающий знанием, которое иногда очень сильно проявляется в отношениях с партнерами. Эти глубокие переживания могут расстроить Весы, которые, будучи воздушным знаком, всегда стараются быть веселыми и жизнерадостными.

Эти отношения дают каждому из них повод для борьбы, поскольку Весы показывают Рыбам, как поднять настроение, а Рыбы помогают Весам заглянуть в глубины своего подсознания.

Весы и призвание

Весы - очень нерешительный и справедливый знак. Они соблазнительны и романтичны. Они любят внимание к деталям, а их потребность в мире и гармонии заставляет их искать равновесие среди других людей.

Он стратег и с помощью подходов стремится преодолеть разногласия и найти компромисс.

Лучшие профессии

Весы дипломатичны, общительны, харизматичны и очень хорошо работают с другими людьми. Они любят новые ситуации и заводят дружбу с людьми из разных слоев общества. Весы не могут процветать в монотонной рабочей обстановке, им нужен энтузиазм и общественные контакты. Юристы, психологи, духовный коучинг, астрологи, международные отношения, планировщики мероприятий и менеджеры.

Признаки, с которыми не стоит вести дела

Дева и Козерог - два знака, которые доставляют Весам много стресса. Их взгляды на жизнь совершенно различны.

Признаки, с которыми можно ассоциировать

Телец, Рыбы, Лев и Стрелец. Эти знаки стремятся быть лучшими и вести наиболее успешные дела.

Ритуалы для денег

Заклинание яблока и яйца для процветания.

Нужно взять красное яблоко, сварить яйцо и съесть их в первое воскресенье каждого месяца, желательно в период Солнца, планеты Венера или Юпитера. Если вы можете делать это натощак, это будет более эффективно.

Горчичный крест для изобилия

Вам потребуется:

-1 белая книга

- Белый клей

- Семена горчицы

На белой бумаге клеем рисуется пятиконечная звезда, к которой добавляется горчица, которая должна прилипнуть к бумаге. Подождите, пока она высохнет, и положите бумагу под матрас с той стороны, где вы спите. Менять бумагу нужно каждый месяц в фазе полумесяца. Если вы можете делать это в четверг в момент Венеры, то это будет наиболее эффективно. Выброшенную бумагу можно выбросить в мусорное ведро. Можно также взять небольшую глиняную посуду, наполнить ее горчицей и поставить у входа в магазин. Менять ее следует первого числа каждого месяца.

Заклинания для выигрыша в азартных играх.

Вам потребуется:

- 1 зеленая свеча

- 1 зеленая бумага

- 22 капли масла сандалового дерева

Разрежьте свечу на две части. Часть с фитилем намажьте сандаловым маслом. Напишите на бумаге числа, которые вы сыграли, зажгите свечу и сожгите бумагу.

Другую часть свечи вы будете носить в кармане или сумочке до тех пор, пока не узнаете результат. Затем выбросьте свечу в мусорное ведро.

Заклинание защиты дома.

Возьмите 7 листьев руты мужской и 7 листьев базилика. Оставьте их в темном сухом месте, чтобы они быстро высохли. Измельчите травы и поместите их в небольшую стеклянную банку. Залейте банку спиртом или джином. Оставьте смесь на два дня для мацерации.

Разведите смесь в ведре на 10–15 л воды. С помощью этой смеси проводится глубокая очистка дома. Очищение следует проводить в пятницу в период планеты Марс.

Баня для открытия путей изобилия.

Вам потребуется:

- Листья растения, открывающего тропу

- Листья мяты

- Листья гуавы

- Дух

- Вода Флориды

- Священная вода

- Желтая свеча

Отварить разрыхлитель, гуаву, мяту и базилик в четверти литра святой воды. Дайте смеси остыть и процедите ее.

Добавьте еще священной воды, eau-de-vie и Aguaflorida. Затем зажгите свечу во имя своих духов-проводников в том месте, где вы собираетесь принимать ванну.

После обычной ванны вылейте эту жидкость с плеч вниз, не вытираясь. Эту ванну следует принимать по понедельникам в период Солнца или планеты Меркурий.

Ванна из петрушки для изобилия.

Необходимо взять листья петрушки, мяты, корицу и мед.

Поместите растения в кастрюлю и дайте им повариться в течение трех минут, не допуская кипения.

Влейте мед и корицу, затем процедите. Примите ванну, как обычно, а в конце обливайте тело от шеи вниз приготовленной водой, при этом позитивно думайте о привлечении денег в свой дом и представляйте себя живущим в изобилии.

Самодельный амулет для денег.

Положите в золотой или серебряный мешочек маленький магнит, немного шафрана, три палочки корицы, пять зерен риса и золотую китайскую монету. Старайтесь всегда носить этот мешочек с собой и время от времени прикасаться к нему.

Заклинание для оплаты долгов.

Возьмите желтую свечу, зеленую свечу и белую свечу. На каждой свече с помощью швейной иглы напишите имена людей или кредиторов, которым вы должны деньги, начиная с середины и выше.

*Затем вы пишете свое полное имя от середины вниз. Вы расставляете свечи в форме пирамиды, а рядом с ней - квадрат -*Венера, на котором ранее должны были быть написаны ФИО и пожелания. Зажгите свечи и, поблагодарив своих духовных наставников, представьте, что ваши долги погашены. Это заклинание наиболее эффективно, если его проводить в пятницу, в период активности планеты Венера.*

22	47	16	41	10	35	4
5	23	48	17	42	11	29
30	6	24	49	18	36	12
13	31	7	25	43	19	37
38	14	32	1	26	44	20
21	39	8	33	2	27	45
46	15	40	9	34	3	28

** Площадь Венеры*

Египетская баня изобилия.

Наполните ванну водой. Добавьте мед, коричневый сахар, пять лепестков подсолнечника, магнит, цитрусовый кварц и два белых кварца. Отмокайте в течение 15 минут. Когда выйдете, не вытираясь, положите кварц, магнит и лепестки в золотой мешочек. Семь дней Вы будете использовать его как амулет, а на восьмой день бросите в реку.

Индуистский ритуал для привлечения денег.

Идеальными днями для проведения этого ритуала являются четверг или воскресенье, в момент нахождения на планете Венера, Юпитер или Солнце.

Вам потребуется:

- Эфирное масло руты или базилика

- 1 золотая монета

- 1 новый кошелек или портмоне

- 1 колос пшеницы

- 5 пиритов

Золотую монету следует освятить, помазав ее маслом базилика или руты и посвятив Юпитеру. Помазывая монету, мысленно повторяйте: "Я хочу, чтобы ты насытил эту монету своей энергией, чтобы в мою жизнь пришло экономическое изобилие". Затем намажьте пшеничный колос маслом и поднесите его Юпитеру с просьбой о том, чтобы в вашем доме не было недостатка в еде.

 Вы забираете монету вместе с пятью пиритами и кладете их в новый кошелек, который закапываете в передней левой части своего дома. Колышек Вы будете хранить на кухне Вашего дома.

Заклинание для получения денег на бизнес.

Во вторник в час планеты Венера поместите три маленьких магнита в глиняный горшочек с водой и медом Полнолуния. Выставьте их на 24 часа, чтобы они зарядились энергией дня и ночи.

Затем высушить их желтой тканью и положить в зеленый пакет.

Когда вам понадобятся деньги или вы приступите к реализации какого-либо проекта, откройте мешочек и посыпьте магниты тремя столовыми ложками молотого черного перца. Затем мысленно повторите: "Пусть магия этих магнитов привлечет к моим дверям процветание и изобилие. Север, Юг, Восток и Запад, силы четырех ветров и стихий, пусть деньги придут в мою жизнь".

Этот подсумок следует держать рядом с собой, особенно при проведении любых денежных или деловых операций.

Заклинание для ускорения сбора денег

Вам потребуется:

- 1 куриное яйцо

- 1 новая вилка

- 1 желтая или серебряная свеча в форме пирамиды

- 4 лепестка белых цветов

- 1 красная свеча

- 1 фаянсовый сотейник

Лепестки белых цветов необходимо максимально измельчить, затем смешать с яичным желтком в фаянсовой миске.

Поместите зажженную желтую или серебряную свечу на левую сторону этой смеси, а красную - на правую. Повторяйте вслух: "Ангел мой хранитель, я призываю тебя вернуть мне деньги, которые я занял и в которых нуждаюсь в данный момент".

Нанесите немного смеси на руки и потрите их, дайте высохнуть, не смывайте. Если у вас есть документы или купюры, которые вы хотите забрать, прикоснитесь к ним, также можно прикоснуться к деньгам.

После того как свечи догорят, их остатки можно выбросить в мусорное ведро.

Заклинание для избежания банкротства.

Для достижения максимальной эффективности заклинание следует выполнять в пятницу или воскресенье в период Солнца, но обязательно утром.

Во дворе дома или в цветочном горшке нужно выкопать ямку. В нее вы будете бросать хлебные крошки, при этом смотрите на Солнце и мысленно повторяйте: "Пусть энергия Солнца благословит меня процветанием, а вибрации Земли принесут мне всю ее щедрость". В течение семи недель вы будете поливать землю половиной стакана воды Полной Луны с корицей, в которую предварительно обмакнули несколько золотых монет.

Лучшие страны и города для жизни

Страны: *Австрия, Индокитай, Камбоджа, Вьетнам, Лаос, Мьянма и Таиланд, Китай, Тибет, Ливан, Аргентина, Доминиканская Республика, Португалия и Испания.*

Города: *Сибирь, Савойя, Антверпен, Франкфурт, Фрайбург, Гауда, Плесени, Вена, Лиссабон, Йоханнесбург, Копенгаген, Лидс, Ноттингем, Рим, Генуя, Галисия, Чарльстон.*

Благовония и эфирные масла для денег

Благовония и эфирные масла розы. Розы связаны с гармонией и аспектами доверия, которые также передаются через бизнес.

Растения за деньги

Перламутр - *растение родом из тропиков, которое благодаря рисунку листьев используется для украшения интерьеров, а также для привлечения денежного изобилия.*

Кварц для денег

Белый кварц: *Этот кварц не пропускает плохие вибрации и негативные энергии. Это счастливый кварц, поскольку он обладает большой силой. Он способен притягивать деньги и успех.*

Денежные брелоки

Потекли Юпитера, которые гарантируют вам процветание.

Потекли - магические фигуры, способные передавать окружающим положительную энергию. Действие пента клей Юпитера обусловлено сочетанием букв, знаков и благотворных формул, символизирующих желание графически и мистически.

Они явно действуют на психику людей, имеющих с ним зрительный контакт.

Самый большой сборник пента клей содержится в "Ключниках царя Соломона" - томе по высшей магии, приписываемом этому библейскому царю.

Он содержит 36 пента клей, которые имеют различное назначение, и среди них - семь пента клей Юпитера.

Потекли для процветания.

Цель этих пента клей - обеспечить изобилие, разрешить конфликты, связанные с работой, и помочь более непосредственно получать всевозможные блага, обеспечивающие большее процветание.

Юпитер, так называемый в астрологии Великий бенефис, - планета, связанная с экспансией, оптимизмом, связями с влиятельными людьми и способностью приносить удачу. Рисовать их следует с большой концентрацией и с намерением, чтобы они воплотили вашу волю. Наиболее подходящий материал - лист пергамента. После завершения работы их следует повесить на видное место, например, на кассу или в бумажник (можно распечатать).

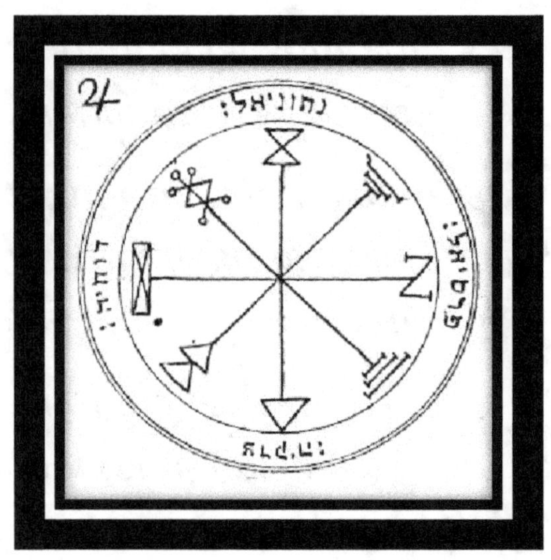

Аффирмации для получения денег

Эти указы следует выполнять в течение 21 дня, чтобы увидеть результаты, по возможности три раза в день. Если повторять их вслух, то они будут более действенными.

Я совершенное изобилие и божественное богатство.

Я процветаю в своем бизнесе и финансах.

Я божественная мудрость, которая разумно формирует все бытие. Я уверенно иду в изобилии. Я вижу себя в процветании.

Праздники

Отдых приносит физическую и психическую пользу. Доказано, что отпуск снижает уровень стресса и благотворно влияет на иммунную систему. Иногда планирование отпуска вызывает стресс, потому что вариантов бесконечное множество и выбор становится химерической задачей.

Использование астрологии и понимание особенностей вашей личности позволяет определить идеальное для вас место отдыха.

***Овнам** идеально подойдет курорт "все включено" с активным отдыхом в теплом месте, например, в Пунта-Кане, Канкуне или на островах Теркс и Кайкос. Австралия - увлекательная страна, в которой есть множество острых ощущений, заставляющих ваше сердце биться.*

***Тельцу** очень понравится отдых на роскошном курорте на острове Кайман или роскошный отдых в Дубае, в отеле со всеми удобствами. Италия - идеальная страна, потому что здесь вы найдете все, о чем всегда мечтали: любовь,* очарование, роскошь, прекрасную кухню и первоклассные вина.

Близнецы любят чувствовать себя интеллектуально вовлеченными. Экскурсии под руководством гида, такие как сафари в Африке или изучение видов животных на Галапагос ких островах, предлагают зодиакальному коммуникатору роскошные впечатления.

Рак, короткие поездки в окружении семьи и друзей. Одним из вариантов является Диснейленд, где можно насладиться аттракционами и разнообразными блюдами. В Орландо, штат Флорида, есть множество фантастических отелей и курортов, каждый из которых имеет свою уникальную и увлекательную тематику.

Лев, для этого знака просто фантастически подходит проживание в бунгало над морем на Таити. Альтернативой роскоши, которую любит Лев, может стать аренда частного тропического острова на Мальдивах, Фиджи или Виргинских островах.

Дева, Италия - ваш лучший выбор. В этой стране вы найдете себе занятие по душе. Как земной знак, вы связаны с окружающим миром, и такие места, как Ла-Романа в Доминиканской Республике, Пуэрто-Веха в Коста-Рике и Белу-Оризонте в Бразилии, вдохнут в вас жизнь.

Весы, выбирайте города с музеями. Тропический отдых не принесет Весам такого удовлетворения, как посещение Лувра в Париже, музея Акрополя в Афинах (Греция), музея Прадо в Мадриде (Испания) или галереи Уффици во Флоренции (Италия).

Скорпион, проведите несколько дней на уединенном пляже с алкоголем и массажем. В Греции, на Бали, Сен-Мартене или на Гавайях вы найдете все эти роскошества. Посещение объектов культурного наследия, расположенных неподалеку от вашего роскошного отеля, станет необычным сочетанием тропического и культурного отдыха. Мешконос и Рода в Греции - идеальные места для этого.

Стрелец, исследуйте Камина де Сантьяго - сеть совершенно разных путей, ведущих в город Сантьяго де Компостера. Каждый путь имеет свою историю, наследие и магию. Стрелец -

путешественник, жаждущий новых впечатлений, поэтому в Ирландии вы найдете все, что ищете.

Козерог - *целеустремленный знак. Отдыхайте там, где можно завязать новые деловые отношения. Китай был бы впечатляющим. У Козерогов есть чувство исторической ценности, которого нет у других знаков, поэтому такие страны, как Израиль и Египет, где история жива и жива, позволят Вам чувствовать себя как дома.*

Водолей *любит новые идеи, новые места и новые отношения. Фантастической страной для посещения может стать Япония не только из-за ее удивительной истории и культуры, но и потому, что каждый из ее регионов может предложить что-то свое.*

Рыбы*, водный знак, будут рады тропическому отдыху. Идеальным вариантом будет отель на берегу моря. Остров "Ла Дик" в Республике Сейшельские Острова, возможно, самый красивый пляж в мире, будет несомненным хитом. Рыбы отличаются спокойным взглядом на жизнь, а управление Нептуном делает их творческими мыслителями. Швеция - страна,*

которую ему стоит посетить, потому что там
он найдет такую же новаторскую культуру, как и
он сам.

Кто является вашей второй половинкой в соответствии с вашим знаком зодиака?

Когда мы слышим термин "родственные души", мы обычно думаем о них как о партнерах, т. е. о тех, с кем у вас есть сильная сентиментально-сексуальная связь. Однако настоящие родственные души не всегда относятся друг к другу подобным образом и часто даже не заинтересованы в сексуальном аспекте отношений.

Вашей родственной душой может быть не только ваш партнер, но и ваш родитель, друг, ребенок, бабушка, дедушка, начальник или сестра.

С астрологической точки зрения и с учетом того, что уроки, которые мы должны усвоить, прежде чем достигнуть следующего духовного уровня, определяют те аффективные отношения, которые нам необходимо развивать в жизни сегодня, можно сказать, что Рак и Рыбы - родственные души Овна.

С Раком и Рыбами Овны могут не только лучше концентрироваться и разрешать конфликты без насилия, но и развивать эмпатию, т. е. способность ставить себя на место другого и учиться делиться.

Эти два знака не любят конфликтов, а если конфликт все же происходит, то они предпочитают диалог любому эпизоду жестокости.

Овен может научить Рака и Рыб не нуждаться в одобрении окружающих, быть более рискованными, не пытаться угодить всем, т. е. быть более напористыми.

Чувственный Телец, враг перемен, врожденный инертный человек, имеет в качестве родственной души Стрельца и Близнецов - два знака, которые знают, что жизнь — это увлекательное, но не статичное путешествие.

Они могут научить Тельца тому, что не нужно оставаться там, где уже не нужно, боясь неопределенности, и что всегда будут возникать определенные ситуации или обстоятельства, которых мы не ожидаем и не в силах их изменить. Тельцу также есть чему научить эти знаки.

Уроки силы воли, обязательства перед другими людьми, приверженность тому, что они делают, и упорство, не торопясь и не медля, доводить дело до конца. Иметь принципы и быть благоразумным.

Лев может сбалансировать много кармы со своими родственными душами, принадлежащими к Весам и Водолею.

Лев может упрямо отстаивать ошибочную идею или убеждение из тщеславия; Весы и Водолей знают, что за эгоцентричным человеком скрывается низкая самооценка.

Весы научат Льва хладнокровию и терпимости, использованию аргументации и дипломатии для поддержания ровного общения. Водолей, противоположный Льву знак, наделенный объективностью и справедливостью суждений, так как не подвержен предрассудкам, научит Льва заглядывать в душу человека, предлагать свое плечо и говорить сочувственные слова в трудную минуту.

Лев никогда не колеблется при принятии решений, а если и колеблется, то не показывает этого, что Весам стоит взять на вооружение.

Верность - отличительная черта Льва, чего Водолей не знает, и маленькие львята могут давать ему уроки нравственности.

Девы, известные как перфекционисты из-за их огромного страха перед неудачей, имеют в качестве родственных душ Скорпиона и Козерога. Дева любит быть строгой в своих решениях и имеет прототип практически во всех аспектах своей жизни. Такая избирательность мешает им следовать за движением жизни.

Дева будет буквально разрывать весь проект на части, если посчитает, что он изначально не был идеальным, чего Козерог никогда не сделает, так как его видение позволяет ему увидеть, что всегда можно принять альтернативные меры, и не начинать все сначала.

Козерог - знак, уверенно чувствующий себя в собственном пространстве, он не принимает бессмысленных решений, как это иногда делает Дева.

Скорпион способен смягчить худшее и усилить лучшее в Деве. Скорпиона и Деву объединяет практический подход к жизни, однако Скорпионы гораздо ярче Дев. Скорпион принесет решительность, которой не хватает Деве, а Дева - контроль и рациональность страстному Скорпиону.

Дева сделает Козерога более приятным и игривым рядом с вами, а также оградит от излишней серьезности, которую вы часто демонстрируете на своем лице.

Безумие

На протяжении всей истории человечества безумие представало как неясная, загадочная и противоречивая истина. Оно пугало нас, мы игнорировали и даже принимали его, и в результате люди, которые предположительно страдали от него, были изгнаны, уничтожены, а также удостоены почестей.

Любое поведение, не согласующееся с нашими рассуждениями, — это не обязательно безумие, но иной способ действия.

Если нас задевают или раздражают поступки или безрассудства других людей, то прогонять их - ошибка, так как это не делает нас более разумными, уравновешенными или совершенными, а делает нас такими же сумасшедшими.

Определение безумия так же сложно, как и определение здравомыслия, но все знаки Зодиака имеют свою степень безумия.

Рак*: они темпераментны. Это приводит к тому, что при взгляде со стороны их личность становится непонятной. Свою популярность в качестве сумасшедших они заслужили благодаря своему непостоянному характеру, который иногда беспокоит окружающих.*

Скорпион: для счастья им нужны перемены, они способны совершать безумные поступки, лишь бы получить хоть какую-то отдачу. Для них вспышки - нормальное явление, потому что они зависимы от перемен и неистовств.

Рыбы: невозможно, чтобы они не заразили вас своим безумием. Их нестабильность и неуравновешенность беспокоит окружающих. Они видят все в радужном свете, что заставляет людей называть их сумасшедшими, потому что они постоянно витают в облаках.

Близнецы: Вы славитесь своей двойственностью. Иногда они находятся в конфликте с самими собой. Им нравятся вызовы, связанные с опасностью. Они любят планировать импровизированные приключения и всегда готовы расширить границы предельного безумия.

Лев: когда огонь поселяется в их голове, им кажется, что все, что окружает их жизнь, важнее всего остального. Они экстравагантны и придерживаются взглядов, которые для других кажутся безумными. Они способны совершать *поступки, которые разумный человек никогда бы не совершил.*

Овен*: они расстраивают себя и всех, кто их окружает. Они упрямы и любят быть первыми во всем, даже если для этого приходится совершать безумные поступки. Они не умеют брать свои слова обратно, что приводит их к иррациональным поступкам.*

Водолей*: мятежный и свободный знак, который ничуть не заботится о том, какое мнение о них сложилось. Они ведут себя капризно, с сумасшедшими, разрушающими парадигмы взглядами.*

Стрелец: *Вы веселы, но жестоки в своем стремлении к действию. Они не умеют соизмерять последствия своих поступков, что многие считают безумием. Нередко их можно увидеть совершенно несдержанными и безответственными.*

Весы: *они жаждут счастья и гармонии, и чтобы получить их, готовы на любые безумства. Они нестабильны, и это заставляет их нарушать* взятые на себя обязательства, что многие считают безумием.

Дева: они впадают в крайности и становятся навязчивыми. Их представление о том, чего они хотят, написано на бумаге, никто не может дать им совет, они не позволяют руководить собой. Когда их не слушают, они совершают различные глупости.

Тельцы: когда в их голове появляется идея, они не могут ее прогнать, даже совершают безумные поступки, чтобы подтвердить свою гипотезу. Попробуйте испытать их терпение, и вы поймете, насколько они сумасшедшие.

Козерог: Он абсолютно ничего не забывает, он не прощает и тем более не забывает, если вы сделали ему что-то плохое, не волнуйтесь, потому что он будет напоминать вам об этом всю оставшуюся жизнь, пока не сведет вас с ума. Козерог безумно одержим идеей контроля.

Психология, лежащая в основе лотереи.

Лотерейные игры очень популярны во всем мире.

У каждого из нас есть несбыточная мечта выиграть в лотерею, ведь иллюзия стать миллионером благодаря счастливой случайности, даже если шансы минимальны, - основная причина, по которой люди играют в азартные игры.

Игроки считают, что стоимость лотерейного билета по сравнению с выигрышем, который они получат в случае победы, ничтожно мала. Мы всегда воспринимаем риск эмоционально, и если он приносит нам удовольствие, то мы склонны считать риск незначительным и нейтрализовать эмоцию опасности, сосредоточившись только на выгоде.

Игроки рассматривают лотерею как уникальную возможность выиграть призы при незначительных денежных вложениях и минимальном риске.

Игры имеют как традиционные, так и суеверные аспекты. Некоторые люди всегда играют с одними и теми же числами, потому что они являются их любимыми, связывают их со знаменательной датой или видят их во сне.

Другие играют в определенное время, день или место. Когда мы думаем, что контролируем ситуацию, мы чувствуем себя уверенно, потому что, выбирая числа самостоятельно, а не играя наугад, хотя шансы на попадание одинаковы, у нас создается впечатление, что мы управляем судьбой, и шансы складываются в нашу пользу.

Есть люди, которые играют только ради удовольствия, в таких случаях лотерея выходит за рамки экономических затрат, превращаясь в развлечение, которое оживляется, когда человек прикидывает, что он может сделать с полученными деньгами.

Существует пять психологических описаний отдельных игроков в лотерею:

Авантюрист, которого завораживают игры с крупными суммами денег, спекуляции со случайными, а также с запланированными числами.

Конкурент, который настаивает на том, чтобы показать себя через азартные игры, что он ставит на победу.

Жадный, не имеющий границ в азартных играх и не боящийся рисковать, когда играет.

Тактик, никогда не играя рискованно, ищет тактику, стратегию и числовые наборы при игре с числами.

Суеверный человек, который всегда играет одни и те же комбинации чисел, использует талисманы, ритуалы или покупает билеты на определенную дату и в определенном месте.

Существует ли хитрость или формула выигрыша в лотерею?

Этот вопрос до сих пор остается без ответа. Многие рассуждают и утверждают, что вероятность попасть под удар молнии выше, чем вероятность выиграть в лотерею. Другие же упорно и тонко изучают шансы.

Игра в лотерею или любую другую азартную игру, если она ведется умеренно, — это дешевый способ приобрести иллюзии и уверенность в завтрашнем дне. Сложность возникает тогда, когда человек не контролирует свои импульсы к азартным играм, что приводит к формированию зависимости от азартных игр и переходу в патологический гэмблинг.

Игроман — это человек, у которого азартные игры вызывают большие трудности на работе и в семейных отношениях, так как проигрыши побуждают его играть на более крупные суммы с целью вернуть потерянные деньги. Это становится замкнутым кругом, и единственным способом его преодоления является психотерапевтическое лечение.

Лучшие подарки для знаков

Дарение подарков — это универсальный способ показать, что мы заботимся о ком-то и ценим его, но покупка подарков может быть сложной задачей, а для некоторых - настоящей головной болью.

Планеты могут помочь вам один раз, зная знак зодиака человека, вы сможете сделать идеальный подарок.

Знаки Огня: **Овен, Лев и Стрелец** любят подарки, которые дают им почувствовать свою значимость, связанные со спортом, путешествиями, техникой.

Этим знакам очень понравится профессиональный цифровой фотоаппарат, последняя модель IPhone, билет на самолет с включенным отелем в экзотическое туристическое место или с историческим прошлым, деловая литература, спортивная одежда или тренажеры, лотерейные билеты, бутылки изысканного вина и эксклюзивная брендовая обувь.

Тельцы, Девы и Козероги, *принадлежащие к стихии Земли, иногда бывают традиционны, но это не значит, что они не любят фирменные подарки.*

Их порадует картина известного художника, ремень или портфель для хранения рабочих бумаг, бумажник с их инициалами, фирменная парфюмерия, массаж или процедуры для тела, домашнее животное, халаты, уютные пижамы или даже аром диффузоры.

Воздушные знаки: **Близнецы, Весы и Водолей -** *не материалисты, и функциональность подарка для них гораздо важнее цены. Их воображение богато, и все, что стимулирует эту способность, им нравится.*

Эти знаки оценят мобильный телефон, компьютер или IPad, книги по личностному росту, духовности, философии и альтернативным методам лечения, курсы самопомощи и расширения экономических возможностей, телескоп, билеты в оперу или театр, животное, которое не нужно держать в клетке, кварц, эфирные масла, благовония и одеколон после ванны.

Рак, Скорпион и Рыбы, водные знаки, будут в восторге от персонализированных подарков. Посуда для приготовления пищи, романтический ужин на пляже под луной, расслабляющий массаж в спа-салоне, смелое нижнее белье, тапочки или удобный диван для просмотра телевизора, бутылка шампанского, ароматические свечи, амулеты, книги по астрологии, набор карт Таро, лосьоны, духи и косметические принадлежности, вино, печенье, консервы и всевозможные деликатесы - вот список подарков, которые с удовольствием примут эти знаки.

Дарить подарки — это благословение, это жест щедрости; дарение подарков — это символический акт, который представляет собой комплимент, внимание к человеку, которого мы хотим порадовать, и символизирует нашу привязанность к нему.

Когда мы дарим подарки, отношения улучшаются и укрепляются, появляется радость.

Знаки зодиака и их страхи.

Двенадцать знаков Зодиака символизируют двенадцать основных архетипов человеческой личности, но в то же время они являются психологическими прототипами, поэтому каждый из знаков Зодиака обладает совершенно конкретным и личностным страхом.

Давайте вспомним, что страх — это важнейший механизм тревоги и защиты человека. Он становится проблемой только тогда, когда становится чрезмерным.

Страхи — это неуверенность в себе, и иногда мы проецируем их на противоположные действия, как в случае со знаком **Овна, который** известен своей железной волей, ничто и никто не парализует его. Они любят все контролировать, и их самый глубоко укоренившийся страх - потерпеть неудачу или попросить о помощи, потому что для них это синоним слабости.

Тельцы - самые упрямые из земных знаков. Их пугают перемены, а также безденежье; они всю жизнь копят деньги, потому что их пугает бедность.

Близнецы, коммуникаторы Зодиака, немного тревожны и неуверенны в себе, они стараются привлечь к себе внимание, потому что боятся выглядеть скучными. Законные дети Луны, **Раки** любят свою зону безопасности, потому что там их никто не может обидеть, они боятся одиночества и отверженности.

Лев, король зодиака, лидеры и смельчаки, не рождены для того, чтобы проигрывать. Их самый укоренившийся страх - остаться незамеченными, они предпочитают, чтобы о них говорили плохо, но не игнорировали.

Мастер аккуратности **Дева** иногда становится навязчивым в вопросах здоровья, поэтому они и являются ипохондриками. Их главный страх - заболеть, но больше всего их пугает неорганизованность.

Исключительно интеллектуальные **Весы** нерешительны, и в этом кроется их главный страх - принимать решения. Другой их страх - одиночество.

*Загадочные и обольстительные **Скорпионы** обладают памятью как у слона, они боятся предательства и, если вы сделаете что-то, что им не понравится, они будут скрывать это от вас вечно. Никогда не храните секреты от Скорпиона.*

*Авантюрист по знаку зодиака, **Стрелец** боится обязательств, потому что требования приводят его в ужас. Они очень веселы, но за улыбкой скрывается страх быть обманутым.*

*Требовательные до крайности, **Козероги** никогда не отступают от своих целей; их главный страх - совершить ошибку, особенно на профессиональном уровне. Они самоотверженны и боятся не достичь своей мечты.*

*Бунтари и утописты **Водолеи** боятся потерять свою свободу, поскольку это означает утрату самой их сущности. У них всегда много дружеских связей, но ни одна из них не связывает их. Они нуждаются в группе, но не хотят, чтобы группа нуждалась в них.*

*Мир - синоним **Рыб**, они ненавидят конфронтацию. Сострадательные до глубины* души, они боятся видеть, как страдают другие. Они немного неуверенны в себе, испытывают страх сцены и боятся отказа.

В некоторых старых книгах по астрологии Сатурн полностью отвечает за страх в натальной карте, я же считаю, что для возникновения страха необходим союз нескольких планет с соответствующими энергиями.

То есть страхи представлены различными планетами, связанными аспектами, нет конкретной планеты, которая обязательно связана с развитием того или иного вида страха.

Луна в Весах

Луне в Весах неприятны сильные эмоции, поскольку они склонны нарушать равновесие и гармонию.

Если Ваша Луна находится в Весах, то Вам необходимо создать сбалансированные отношения с другими людьми, но при этом Вы чувствуете потребность в выражении своих чувств и границ, сохраняя гармонию.

Вы, скорее всего, будете чувствовать себя уверенно, когда все сбалансировано и гармонично. Внешний вид имеет для Вас большое значение.

Любой конфликт представляет для Вас угрозу. Вы всегда понимаете обе стороны любой ситуации, но, когда вам приходится принимать чью-то сторону, это вас пугает.

Вы предпочитаете принимать решения с холодной головой. Это одна из причин, по которой Вы испытываете дискомфорт от эмоций. Эмоции приводят к радикальным решениям, что нарушает гармонию и равновесие, которые Вы так любите.

Ваша немедленная реакция, когда вы чувствуете угрозу, - решить проблему и восстановить гармонию. Вы можете прибегнуть к дипломатии и такту, которые находятся в Вашем распоряжении, или просто отказать себе в удовлетворении собственных потребностей.

Вы должны научиться отстаивать свои права. Компромисс — это одно, а отказ от своих прав - совсем другое.

Если Ваша Луна находится в Весах, то Ваша потребность в безопасности будет сосредоточена на гармонии и справедливости. Вы автоматически осознаете границы, поэтому до тех пор, пока Вы знаете о своей ответственности, Вы будете чувствовать себя в безопасности.

Наличие эмоциональной связи очень важно, поскольку помогает увидеть, что вы участвуете в отношениях. Вам необходимо выяснить, сколько эмоций достаточно, потому что слишком много эмоций заставляет вас чувствовать угрозу.

Вы не любите конфликтовать со своими партнерами. Когда Вы замечаете, что эмоции начинают брать верх, лучше всего успокоиться. Если Вы сможете сдержать свои эмоции, то с помощью такта и дипломатии легко разрешите проблему.

Однако если вас вынуждают бороться, вы будете чувствовать угрозу, пока, наконец, не сдадитесь, чтобы выйти из конфликта и установить равновесие.

Значение восходящего знака

Солнечный знак оказывает большое влияние на то, кто мы есть, но Асцендент — это то, что действительно определяет нас, и это даже может быть причиной того, что вы не идентифицируете себя с некоторыми чертами вашего знака Зодиака.

Действительно, энергия, которую дает вам ваш солнечный знак, заставляет вас чувствовать себя отличным от остальных людей, поэтому, читая свой гороскоп, вы иногда чувствуете себя идентифицированным, и это придает смысл некоторым предсказаниям, и это происходит потому, что он помогает вам понять, что вы можете чувствовать и что с вами произойдет, но он показывает вам только процент того, что действительно может быть.

Восходящий знак отличается от солнечного тем, что он отражает то, кем мы являемся поверхностно, то есть то, как другие видят вас или энергию, которую вы передаете людям, и это настолько реально, что вы можете встретить человека и, предсказав его знак, обнаружить, что это его восходящий знак, а не солнечный.

Одним словом, те черты, которые вы видите в человеке при первой встрече, — это Асцендент, но поскольку наша жизнь зависит от того, как мы относимся к другим людям, Асцендент оказывает большое влияние на нашу повседневную жизнь.

Объяснить, как рассчитывается или определяется восходящий знак, довольно сложно, поскольку он определяется не положением планеты, а знаком, который восходил на восточном горизонте в момент вашего рождения, в отличие от вашего солнечного знака, который зависит от точного времени вашего рождения.

Благодаря технологиям и Вселенной сегодня узнать эту информацию проще, чем когда-либо, конечно, если вы знаете время своего рождения, или если вы имеете представление о времени, но запас не превышает нескольких часов, потому что существует множество сайтов, которые производят расчет, вводя данные, astro.com - один из них, но их бесконечное множество.

Таким образом, читая свой гороскоп, вы можете также прочитать свой Асцендент и узнать больше индивидуальных деталей. Вы увидите, что с этого момента, если вы будете делать это, ваш способ чтения гороскопа изменится, и вы будете знать, почему этот Стрелец такой скромный и пессимистичный, если на самом деле он такой преувеличенный и оптимистичный, и это, возможно, потому, что у него Асцендент Козерога, или потому, что этот коллега

Скорпион всегда говорит обо всем, без сомнения, у него Асцендент Близнецов.

Я приведу краткое описание характеристик различных Асцендентом, но оно носит весьма общий характер, поскольку эти характеристики изменяются в зависимости от планет, соединенных с Асцендентом, планет, аспектирующих Асцендент, и положения планеты-управителя знака на Асцендент.

Например, человек с Асцендентом Овна, у которого управляющая планета Марс находится в Стрельце, будет реагировать на окружающую среду несколько иначе, чем другой человек, также с Асцендентом Овна, но у которого Марс находится в Скорпионе.

Точно так же человек с Асцендентом Рыб, имеющий соединение с Сатурном, будет "вести себя" иначе, чем человек с Асцендентом Рыб, не имеющий этого аспекта.

Все эти факторы изменяют Асцендент, астрология очень сложна, и читать или составлять гороскопы с помощью карт Таро нельзя, поскольку астрология — это не только искусство, но и наука.

Часто можно спутать эти две практики, и это связано с тем, что несмотря на то, что это два совершенно разных понятия, они имеют ряд общих моментов. Одним из таких общих моментов является их происхождение, а именно то, что обе процедуры известны с древнейших времен.

Они также схожи по используемым символам, поскольку и в том, и в другом случае символы неоднозначны и нуждаются в интерпретации, что требует специального чтения и обучения, чтобы знать, как интерпретировать эти символы.

Различий тысячи, но одно из главных состоит в том, что если в Таро символы совершенно понятны с первого взгляда, поскольку это образные карты, хотя и необходимо знать, как их хорошо интерпретировать, то в астрологии мы наблюдаем абстрактную систему, которую необходимо знать заранее, чтобы ее интерпретировать, и, конечно, надо сказать, что, хотя мы можем распознать карты Таро, не все могут их правильно интерпретировать.

Толкование также является отличием этих двух дисциплин, поскольку если в таро нет точной привязки ко времени, так как карты располагаются во времени только благодаря вопросам, задаваемым в соответствующем раскладе, то в астрологии есть привязка к конкретному положению планет в истории, и системы толкования, используемые в обеих дисциплинах, диаметрально противоположны.

Астрологическая карта — это основа астрологии и самый важный аспект при составлении прогноза. Для того чтобы чтение было успешным и позволило узнать больше о человеке, астрологическая карта должна быть идеально проработана.

Для того чтобы составить карту рождения, необходимо знать все данные о рождении человека.

Он должен быть известен точно, от точного времени рождения до места, где оно произошло.

Положение планет в момент рождения покажет астрологу те точки, которые необходимы ему для составления карты рождения.

Астрология — это не только знание своего будущего, но и знание важных моментов своего существования, как настоящего, так и прошлого, для того чтобы принимать более правильные решения, определяющие ваше будущее.

Астрология поможет вам лучше узнать себя, чтобы изменить то, что мешает вам, или усилить свои качества.

И если астрологическая карта является основой астрологии, то гадание на таро является основополагающим в последней дисциплине. Как и от человека, составляющего астрологическую карту, от провидца, читающего таро, зависит успех вашего гадания, поэтому лучше всего обращаться к рекомендованным гадателям, и хотя они, конечно, не смогут ответить на все сомнения, которые возникают у вас в жизни, правильное чтение таро и карты, которые появляются при гадании, помогут вам ориентироваться в решениях, которые вы принимаете в своей жизни.

Одним словом, астрология и Таро используют символику, но ключевой вопрос заключается в том, как эта символика интерпретируется.

Человек, владеющий обеими методиками, несомненно, окажет большую помощь тем, кто обратится к нему за советом.

Многие астрологи совмещают обе дисциплины, и регулярная практика показала мне, что обе они обычно очень хорошо сочетаются, обогащая все вопросы предсказания, но это не одно и то же, и нельзя составить гороскоп по картам Таро, как нельзя составить Таро по астрологической карте.

Асцендент в Весах

Люди с Асцендентом в Весах производят очень хорошее впечатление и, как правило, выделяются своим чувством справедливости и честности.

Благодаря балансу они, как правило, являются уравновешенными людьми, умеющими общаться с окружающими и преуспевающими в социальных отношениях.

Асцендент в Весах стремится к равновесию, что иногда может привести к тому, что весы будут склоняться больше в одну сторону, чем в другую. Это может сделать их довольно нерешительными во многих обстоятельствах при принятии решений.

Этот Асцендент часто хорошо знает, как манипулировать, и может использовать это в своих интересах. Хотя в зависимости от обстоятельств они являются социальными людьми, они могут быть противоположностью, т. е. не уметь общаться с людьми.

Для этого Асцендент важно иметь стабильного партнера.

Овен - Асцендент Весы

Овны с Асцендентом в Весах - страстные люди, которые, учитывая влияние Весов, неустанно ищут партнера, который обеспечит им необходимое равновесие.

В рабочей обстановке это люди, способные к сотрудничеству, которые добиваются успеха благодаря инициативности Овна и обладают коммуникативными навыками благодаря Весам.

Когда эти люди находят постоянного партнера, они делают для него все возможное. Они всегда стремятся к отношениям, и если они расстаются с партнером, то испытывают потребность как можно скорее возобновить отношения.

Негативным аспектом этого сочетания является поиск одобрения окружающих, часто приоритет отдается мнению других людей.

Они могут скорее застрять в отношениях, чем отказаться от них, опасаясь, что в будущем не смогут найти себе другого.

Телец - Асцендент Весы

Асцендент Тельца Весы стремятся найти баланс между восторгом и комфортом. Сторона Весов привносит чувствительную сторону, которую им необходимо сочетать с практичной и логичной стороной Тельца.

В своей профессии они без проблем адаптируются, они трудолюбивы и целеустремленны, а потребность в стабильности заставляет их бороться за свою работу.

В любви они стремятся к тому, чтобы их принимали и любили такими, какие они есть. Они верные люди и любят романтику.

Близнецы - Асцендент Весы

Весы на Асцендент Близнецов очень интересуются интеллектуальными вопросами. Они находятся в постоянном поиске знаний и являются людьми высокой культуры.

На работе они очень креативны, и это способствует развитию данной культуры, так как этот интеллект помогает им придумывать новые идеи.

В отношениях они очаровательны и знают, какие слова нужно сказать в нужный момент. Они любят общаться с разными типами людей и без проблем меняют свое окружение. Это может затруднять поиск стабильного партнера.

Близнецы с Весами на Асцендент не выносят собственников, так как превыше всего ценят свою независимость, поэтому им может быть трудно взять на себя обязательства.

Рак - Асцендент Весы

Раки с Асцендентом в Весах обладают лучшими качествами из двух миров: они общительны и посредственны.

Они очень заботливы по отношению к окружающим и беспокоятся о безопасности и комфорте своей семьи.

На работе они несут ответственность и ищут подтверждения своим действиям.

В любви они обольстительны, но при этом отличаются нерешительностью во всех решениях, касающихся партнера. Несмотря на это, они жаждут найти того особенного человека, с которым можно было бы создать семью.

Иногда они могут стать чрезмерно зависимыми от своего партнера в финансовом и эмоциональном плане.

Лев - Асцендент Весы

Львы с Асцендентом Весов очень прямолинейны в своих высказываниях, хотя и не делают этого с дурными намерениями. Им легко устанавливать отношения с окружающими, поскольку они вежливы в общении с людьми.

Они трудолюбивы и честны, обладают большой способностью к разрешению проблем и творчеству.

В аффективной сфере у них есть свет и тьма, они магнетоны и притягивают многих людей, кроме того, они любят завоевывать, но это приводит к тому, что во многих случаях они подходят к людям по интересам, из-за чего отношениям не хватает глубины.

Дева - Асцендент Весы

Девы с Асцендентом в Весах - люди, любящие и любящие связывать себя обязательствами и проводить всю жизнь с одним человеком. Проблема в том, что они застенчивы и им трудно сделать первый шаг.

Они предпочитают работу, требующую умственных усилий, интроспективную и не связанную с общественностью.

В отношениях они стремятся к стабильности домашнего очага, а если оказываются в ситуации, когда им поступает много любовных предложений, то становятся подавленными и не знают, кого выбрать.

Иногда они могут быть связаны с нездоровыми привязанностями.

Весы - Асцендент Весы

Асцендент Весов Весы обладают всеми типичными характеристиками усиленного знака. По этой причине им необходимо найти противоположность, которая помогла бы им сохранить равновесие. Это добрые и вежливые люди. Их отличает внимание к другим людям.

На работе их отличает уровень этических обязательств и честности, они являются гарантией того, что работа будет выполнена наиболее законным способом.

В любви они отдают всего себя, хотя и не в физическом смысле, поскольку не очень ласковы, но это не значит, что они не делают для своего партнера ничего лишнего. Их способ проявления любви - верность и уважение к партнеру.

Скорпион - Асцендент Весы

Скорпион с Весами на Асцендент - загадочные, дипломатичные и обаятельные люди. Такое сочетание усиливает магнетизм Скорпиона, делает его рассудительным и менее собственническим. Они уверены в себе и знают, чего хотят.

На работе они отличаются деловой хваткой и щедростью. Они также амбициозны и будут добиваться своих целей до тех пор, пока они не будут достигнуты.

В аффективной сфере они любят доминировать над ситуацией. Они увлечены игрой в соблазнение и очень интенсивны, хотя эта интенсивность сдерживается Весами. Это часто приводит к столкновению их личностей и постоянному напряжению между разумом и эмоциями.

Стрелец - Асцендент Весы

Стрельцы с Асцендентом в Весах — это умственно развитые, утонченные и стильные люди. Они умеют завязывать разговоры, и эта свобода мышления позволяет им общаться, что делает их хорошо подходящими для многих деловых начинаний.

Они прекрасно справляются с работой, связанной с общением и творчеством.

В любовных отношениях они предпочитают свободу, а не обязательства, и любят делиться с человеком своими идеями и мыслями. Им нужен человек, способный внести интеллектуальный или творческий вклад.

Иногда они бывают тщеславны и высокомерны, кичатся своим интеллектом перед другими.

Козерог - Асцендент Весов

Козероги с Асцендентом в Весах - обычно зрелые люди, обладающие невероятным эмоциональным контролем.

Они прекрасно понимают, что их окружает, и знают, где проходят границы. Уравновешенность Весов очень помогает Козерогам, что может сделать их жизнь приятной.

Они всегда стремятся к стабильности в работе, но при этом не застаиваются. Они целеустремленны и упорно работают над выполнением поставленных задач. Они знают, что могут и чего не могут, и это помогает им справляться с поставленными перед ними задачами.

Поскольку они представляют собой рациональное сочетание, их не увлекает эмоциональная сторона. Когда они ищут партнера, они знают, что ищут, и обычно не стремятся к авантюрам.

Эта объективность может стать его врагом, поскольку от объективности он может перейти к пессимизму.

Водолей - Асцендент Весы

Водолеи с Асцендентом в Весах - люди, отличающиеся жизненным равновесием. Они сбалансированы во многих отношениях. Такое сочетание позволяет им прекрасно сочетать науку с искусством, это люди, ценящие интеллектуальную и художественную стороны жизни.

Для них романтические отношения являются важным моментом в жизни. Однако здесь возникает противоречие, поскольку свобода Водолея вступает в конфликт со стабильностью Весов.

На работе они проявляют творческие способности и являются продуктивными людьми в тех областях, которые обеспечивают им жизненное обогащение.

Рыбы - Асцендент Весы

Рыбы с Асцендентом в Весах - добрые и обаятельные люди. Они с энтузиазмом наслаждаются жизнью и ее радостями. Кроме того, они отличаются щедростью и обычно помогают другим всем, чем могут.

Работа является приоритетом в их жизни, и они заботятся о том, чтобы найти работу, которая соответствует им. Обычно им удается найти баланс между обязанностями и удовольствием от работы.

Сатурн в Рыбах - одно из важнейших астрологических событий.

7 марта 2023 года стало одним из самых важных дней в астрологическом календаре того года. Сатурн, суровый учитель и повелитель кармы, вступил в противоборство с Рыбами, мечтателями. Нынешний транзит Сатурна в Рыбах, который продлится до февраля 2026 года, оказался не самым приятным сочетанием.

Сатурн - планета ответственности и строгой власти, дисциплинирующая и структурирующая нас во время своих транзитов по знакам Зодиака. Сатурн хочет проверить, как мы достигаем своих целей, и когда эта планета проходит по знаку Рыб, самому духовному знаку, нас ожидают важные предложения. Плутон и Сатурн, двигаясь в таком унисон, вызовут гигантский энергетический вулкан, и это будет незабываемый период.

Это может показаться формулой борьбы, но такое энергетическое сочетание действительно может быть эффективным и полезным.

Сатурн в Рыбах не удовлетворен. Ему трудно создавать структуры и выстраивать реальность, когда все смещается. Рыбы - двойственный знак, поэтому он может выражать себя противоположными способами; он может быть как трансцендентным, так и практичным. Есть вероятность, что Сатурн в Рыбах указывает на строительство форм над или под водой, или на господство над водой, таких как каналы, акведуки и гавани. Но он также может указывать на разрушение этих сооружений из-за ураганов или хрупкости конструкции.

Архетип Рыб противоречит Сатурну. Он олицетворяет утопию, творчество, духовность и эзотерику, а также мечты, иллюзии, ложь и эскапизм. Он символизирует стремление течь подобно морю, разрушая границы и ограничения.

Последний транзит Сатурна в Рыбах проходил с мая 1993 года по апрель 1996 года. На этом этапе проявились результаты распада Советского Союза в 1989 году, который вызвал мировые последствия и разрушил российскую экономику. В 1994 году Россия начала первую чеченскую войну, которая продолжалась до 1996 года. В мае 1993 года в Гааге был создан Международный уголовный трибунал по бывшей Югославии для судебного преследования военных преступлений, совершенных во время югославской войны в начале 1990-х годов.

С другой стороны, боснийская война между хорватами, боснийцами и сербами сопровождалась жестокостью и этническими чистками, а также различными казнями. Война закончилась в 1995 году, и большинство командиров боснийских сербов были осуждены за геноцид и преступления против человечности. В 1994 году начался геноцид в Руанде, когда банды хату убили более 700 тыс. тутси, а в ходе резни, завершившейся в июле, было изнасиловано несметное количество женщин. Кризис разоружения Ирака после окончания первой войны в Персидском заливе проходил с большим шумом и отсутствием доверия между его участниками.

В Швейцарии секта "Орден Солнечного храма" совершила ряд преступлений и массовых самоубийств, а в США Тимоти Маквей убил 168 человек во время взрыва в Оклахома-Сити. Именно во время транзита Сатурна по знаку Рыб Од. Симпсон был арестован за убийство своей бывшей жены и бойфренда и освобожден после длительного судебного процесса, ставшего голливудским зрелищем.

В Лондоне Фред Уэст и его жена Роуз были заключены в тюрьму после того, как на заднем дворе их дома были обнаружены тела многочисленных жертв убийств.

В ЮАР прошли первые многорасовые выборы, президентом страны был избран Нельсон Мандела, который впоследствии отменил смертную казнь в этой стране. Россия и Китай подписали соглашение о прекращении провоцирования друг друга с помощью своих ядерных устройств, а Договор о нераспространении ядерного оружия был бесконечно усилен 170 странами. Австралия согласилась выплатить компенсацию коренному населению, которое было выселено во время ядерных испытаний в 1950-1960-х годах.

Среди других событий во время транзита Сатурна в Рыбах - религиозные течения, идеологические движения, такие как социализм и левизна, передача болезней и зараз, деструктивное поведение, вызванное паникой, рост потребления наркотиков, развитие всех видов искусства, а также средств морского транспорта.

Сатурн в Рыбах будет следить за тем, чтобы мы не могли использовать духовность или страх, чтобы избежать определенных конфликтов, с которыми нам придется столкнуться. Мы можем медитировать, провести сто лет в Тибете, использовать самые мощные мантры во Вселенной, но в какой-то момент мы должны действовать.

В последние несколько лет, когда Сатурн проходил транзит по Водолею, возникла необходимость сосредоточиться на индивидуальности и быть более искренними, а не терпеть принуждение со стороны окружающих.

Хотя Водолей - знак, известный тем, что танцует под свою дудку, Сатурн - знак ограничений, он подталкивает нас к тому, чтобы остаться наедине с собой (вспомните ограничения во время пандемии) и посмотреть, куда мы можем поместить себя, чтобы создать здоровые границы.

Все эти уроки подготовили нас к тому, что нас ожидает с приходом Сатурна в Рыбы. Мы начнем более осмысленно подходить к вопросу о том, как привнести духовность в нашу повседневную жизнь, сохраняя при этом понимание того, как следует себя структурировать. Многие люди откажутся от религий и догм или поставят их под сомнение.

Конечно, есть и те, кому этот период не понравится, в том числе религиозные лидеры и те, кто пропагандирует теории заговора. Мы увидим конфликты между людьми, исповедующими разные религии, и множество тенденций, направленных на то, чтобы доминировать над тем, во что верят другие.

Мы должны принять тот факт, что, если другие не согласны с нашими убеждениями, это не значит, что они не правы. Это просто указывает на то, что их взгляды отличаются, ведь в итоге Рыбы выступают за всеохватность. То, чего нам не хватает.

Поскольку Рыбы и Нептун управляют бизнесом развлечений, крупные студии и звукозаписывающие компании закроются, и многие артисты, которые были связаны с этими студиями, решат открыть свои собственные. Если Вы являетесь художником, то в Ваших интересах использовать свой труд с пользой для себя, а не позволять крупным компаниям, находящимся на вершине, получать дивиденды.

Снизится интерес к спецэффектам и усилится ориентация на самодостаточные фильмы, на темы, отражающие повседневность. Мы будем ценить окружающую нас красоту и меньше ориентироваться на гламур.

Карма часто воспринимается как зло, но пожинать то, что посеял, не так уж и плохо, если ты вел себя хорошо.

Работа с кармическим и подсознательным багажом, понимание прошлого и готовность его отпустить — все это очень важно для прохождения этого транзита и успешного выхода из него. Если вы уклонитесь от этого, Сатурн накажет вас, но если вы примете его, то придете в место, которое предопределено для чего-то великого.

Положение Сатурна в нашей натальной карте указывает на то, где мы вынуждены обрести контроль над реальностью и взять на себя большую ответственность.

 Рыбы - последний знак Зодиака, поэтому движение Сатурна здесь также указывает на завершение или точку завершения гораздо более масштабного цикла.

Рыбы - водный знак, олицетворяющий свет, тьму и невидимые миры. Он известен своими абстрактными идеями и творчеством. Рыбы - мотобольный знак, что означает, что он адаптируется и открыт для энергий окружающего мира. Сатурн - очень твердая энергия. Он управляет законом, ответственностью и ограничениями, и его энергия иногда может быть похожа на сигнал тревоги, возвращающий нас к реальности, и заставляющий взглянуть в лицо последствиям своих действий.

Присутствие Сатурна в Рыбах может показаться несколько тяжелым из-за всего этого, так как обычно водная, интуитивная и чувствительная энергия Рыб будет вынуждена стать немного более сдержанной.

Чтобы лучше понять это, можно рассуждать так: если Рыбы — это плавно текущая вода, то присутствие Сатурна будет создавать плотины, и эти плотины могут направлять воду в продуктивное и благоприятное русло, но могут и подавлять или контролировать ее.

Однако существует возможность создать баланс между этими двумя энергиями, поскольку творческие, неосязаемые и внешние идеи, свойственные энергии Рыб, могут укорениться благодаря Сатурну.

Сатурн обладает практической энергией, поэтому, если соединить его с творческим потенциалом Рыб, можно достичь баланса, который поможет нам воплотить наши творческие идеи в жизнь или даже превратить их в бизнес.

Рыбы также связаны с религией и духовностью, поэтому под влиянием Сатурна может возникнуть множество вопросов о религии и духовности и о том, как они связаны с правилами, управляющими обществом; духовная индустрия также может получить импульс к развитию под влиянием этой энергии, или на личном уровне изменится Ваше собственное отношение и убеждения относительно Ваших духовных или религиозных связей.

Сатурн очень хочет, чтобы мы взяли на себя ответственность за свою жизнь и действовали в соответствии со своим подлинным "я".

Сатурн может накладывать ограничения, заставляя нас чувствовать себя в ловушке или задыхаться, но это только для того, чтобы мы могли найти время для того, чтобы понять, чего мы действительно хотим и что мы действительно готовы отстаивать.

Еще один способ узнать больше об этом мощном планетарном транзите - вспомнить темы, которые разворачивались в вашей жизни в последний раз, когда Сатурн находился в Рыбах, то есть с 1994 по 1996 год, чтобы получить дополнительную информацию о том, что может принести вам этот цикл.

Как это отразится на знаке Весов?

Сатурн в знаке Рыб поможет вам жить одним днем за другим. Ожидайте, что в результате этого процесса у Вас появится новый распорядок дня, новая структура и, возможно, даже новые увлечения. Сатурн поможет Вам навести порядок в своей жизни, установив твердый распорядок дня и найдя идеальный баланс между практичностью и творческим вдохновением.

Вы по натуре очень творческая натура, и путешествие Сатурна по знаку Рыб поможет Вам воспринять все эти творческие вдохновения и придать им определенную обоснованность, чтобы они более органично вплелись в реальность Вашей жизни. Сатурн в Рыбах также задаст Вам сложный вопрос: как Вы хотите проводить свое время? В конце концов, когда вы покончите с этой жизнью и этим телом, что вы хотите сказать о том, чему вы отдали свое время? Это глубокий вопрос, но именно так глубоко Сатурн хочет, чтобы вы зашли. Он хочет, чтобы вы сосредоточились на мелких повседневных делах, которые занимают большую часть вашего времени, а не на крупных событиях, происходящих раз в год. Он хочет, чтобы каждый день был наполнен чем-то, что приближает вас к ощущению цели и радости.

Сатурн и радость обычно не связаны друг с другом, но когда мы работаем с вызовами, которые приносит Сатурн, когда мы принимаем его уроки, это вполне может привести нас к более глубокой радости, такой радости, которая длится долго, а не просто мимолетна. Вероятно, в ближайшие несколько лет Сатурн предоставит вам естественные возможности для этого, но для начала стоит задуматься о своем распорядке дня и о том, на что вы тратите свое время. Ненавидите ли вы свою работу и боитесь ли просыпаться по утрам? Возмущаетесь ли вы тем, как вы проводите свои дни? Сатурн поможет вам пересмотреть все это, но начнет он с самых базовых уровней.

Сатурн не принесет больших радикальных изменений, он побудит вас начать с мелочей, с незначительных моментов, и тогда по частям вы сможете осуществить те изменения, которые вам нравятся. Сатурн — это движение вперед маленькими шагами. В конце концов, эти маленькие шаги приведут нас туда, куда нужно, но они требуют терпения и целеустремленности.

Помимо пересмотра распорядка дня, Сатурн может побудить вас взять на себя ответственность за свое здоровье. Это может быть новая диета, более соответствующая питательным для организма продуктам, новый режим или программа физических упражнений или просто составление графика обследований, которые мы все хотим проводить раз в год. Сатурн в Рыбах благоприятствует тому, чтобы стать защитником своего здоровья. Не игнорируйте ноющие симптомы и следите за всеми своими визитами к врачу - Сатурну это определенно понравится.

Можно представить Сатурна как строгого учителя или даже как учителя, который приносит трудные испытания и уроки, но только потому, что он знает, что мы можем с ними справиться.

 Сначала Сатурн хочет убедиться в том, что мы следуем правилам и выполняем домашнюю работу в точности, но потом, когда мы станем мастерами своего дела, мы сможем внести в него свою изюминку. Но сначала нужно освоить методы, а методы, с точки зрения Сатурна в Рыбах, — это забота о своем здоровье и распорядке дня.

Возможно, под влиянием этого транзита вы также обнаружите, что склонны к выгоранию. В любом случае, Вы можете обнаружить, что Ваш график становится слишком повторяющимся или медленным до такой степени, что Вы чувствуете скуку. Что бы ни случилось, Сатурн здесь для *того, чтобы приблизить Вас к Вашему духу и тому, что для Вас важно.*

Он хочет, чтобы вы взяли на себя ответственность за то, как вы решили провести свое время. Сатурн хочет, чтобы вы связались с тем, что вы действительно цените, и хочет, чтобы вы взяли на себя ответственность за это.

Не ждите, что все решится сразу, Сатурн будет находиться в Рыбах до февраля 2026 года, так что это будет медленный процесс, который будет происходить шаг за шагом. У Вас не будет всех ответов, на это потребуется время. Но в конце этого путешествия вы обнаружите, что ваши дни стали более выверенными, а ваш распорядок дня стал отражать то, к чему действительно взывает ваша душа. Это мощное место, где можно оказаться, поэтому воспользуйтесь возможностью, погрузитесь в работу и позвольте Сатурну приблизить вас к вашему душевному контракту.

Контракт души — это соглашение, заключенное вашей душой до того, как вы вошли в свое физическое тело. В нем описано все то, чему Вам суждено научиться за время пребывания здесь, и указаны некоторые значимые события Вашей жизни. Сатурн - хозяин нашего душевного договора, и вся его работа, все, что он внушает или вытягивает из нас, направлено на то, чтобы мы жили в соответствии с нашим душевным договором.

Сатурн работает медленно и часто может заставить нас чувствовать себя подавленными в процессе работы. Иногда Сатурн может ограничивать нас или закрывать, но это делается для того, чтобы мы могли найти время для того, чтобы понять, чего мы хотим и что для нас важно.

Находясь в стенах Сатурна, мы можем найти время, чтобы соединиться с тем, чего действительно желает наша душа.

Сатурн в Рыбах также будет очень благоприятен для любых творческих проектов, которые вы хотите реализовать. Его присутствие, а также творческая жилка Рыб помогут заложить прочный фундамент для реализации любых творческих или вдохновляющих идей.

Вы находитесь в одном из лучших положений для получения этого дара, поэтому обязательно воспользуйтесь им. Возьмите энергию Сатурна в Рыбах и направьте ее на воплощение своей мечты.

Начните с малого, работая над небольшой частью своего распорядка дня, постепенно внедряя свои желания в свой день, шаг за шагом, мало-помалу.

Все ваши труды будут вознаграждены этой энергией.

Библиография

Часть информации взята из книг, изданных авторами: "Любовь для всех сердец", "Деньги для всех карманов" и "Гороскоп 2022 и 2024".

Статьи, написанные в "Новом Вестнике" одним из авторов.

Об авторах

Помимо астрологических знаний, Алина А. Руби имеет богатое профессиональное образование: она имеет сертификаты по психологии, гипнозу, Рейки, биоэнергетическому исцелению кристаллами, ангельскому целительству, толкованию снов и является духовным инструктором. Руби обладает знаниями в области геммологи, которые она использует для программирования камней или минералов в мощные защитные амулеты или талисманы.

Руби отличается практичностью и нацеленностью на результат, благодаря чему она обладает особым, интегративным взглядом на различные миры, что облегчает ей поиск решений конкретных проблем. Алина пишет ежемесячные гороскопы для сайта Американской ассоциации астрологов, которые можно прочитать по адресу www.astrologers.com. В настоящее время она ведет еженедельную колонку в газете El Nuevo Herald, посвященную духовным вопросам, которая выходит каждое воскресенье в цифровом виде и по понедельникам в печатном. Кроме того, ведет программу и еженедельный "Гороскоп" на YouTube-канале газеты. Ее астрологический ежегодник ежегодно публикуется в газете "Diario las Américas" под рубрикой Rubi Astrologa.

Руби написала несколько статей по астрологии для ежемесячного издания "Today's Astrologer", вела занятия по астрологии, Таро, чтению ладоней, исцелению кристаллами и эзотерике. На ее канале в YouTube: Rubi Astrologa еженедельно выходят видеоролики на эзотерические темы. Она вела собственное астрологическое шоу на телеканале Flamingo T.V., давала интервью нескольким теле- и радиопрограммам, ежегодно публикует "Астрологический ежегодник" с гороскопом по знакам и другими интересными мистическими темами.

Она является автором книг "Рис и бобы для души", часть I, II и III, сборника эзотерических статей, изданных на английском, испанском, французском, итальянском и португальском языках. Деньги для всех карманов", "Любовь для всех сердец", "Здоровье для всех тел", Астрологический ежегодник 2021, Гороскоп 2022, Ритуалы и заклинания для успеха в 2022 году, Заклинания и секреты, Астрологические уроки, Ритуалы и чары 2024, Китайский гороскоп 2024 -

все эти книги изданы на пяти языках: английском, итальянском, французском, японском и немецком.

Руби свободно владеет английским и испанским языками, сочетая в своих выступлениях все свои таланты и знания. В настоящее время она проживает в Майами, штат Флорида.

Более подробную информацию можно получить на **сайте** *www.esoterismomagia.com.*

Алина А. Руби - дочь Алины Руби. В настоящее время она изучает психологию в Международном университете Флориды.

 С детства интересовалась всеми метафизическими и эзотерическими темами, с четырех лет занимается астрологией и каббалой. Владеет Таро, Рейки и геммологи ей. Она является не только автором, но и редактором, вместе со своей сестрой Анжелиной А. Руби, всех книг, изданных ею и ее матерью.

За дополнительной информацией обращайтесь к ней по электронной почте: ***rubiediciones29@gmail.com.***